豫菴詩選

예암 시선

지만지한국문학의 〈지역 고전학 총서〉는
서울 지역의 주요 문인에 가려 소외되었던
빛나는 지역 학자의 고전을 발굴 번역합니다.
'중심'과 '주변'이라는 권력에서 벗어나
모든 지역의 문화 자산이 동등한 대우를 받을 수 있도록 합니다.
지역 학문 발전에 이바지한 지역 지식인들의 치열한 삶과 그 성과를 통해
새로운 지식 지도를 만들어 나갑니다.

지역 고전학 총서

豫菴詩選
예암 시선

하우현(河友賢) 지음

김승룡 · 김남희 · 이단 옮김

대한민국, 서울, 지만지한국문학, 2024

편집자 일러두기

- 이 책은 경상국립대학교에 소장된 예암(豫菴) 하우현(河友賢)의 《예암집(豫菴集)》을 원전으로 삼아 그 가운데 한시를 뽑아 번역, 주해했습니다.
- 작품의 배열은 시는 원전의 편차를 따랐으며, 모두 77제 128수를 수록했습니다.
- 본문은 직역을 위주로 하되 필요에 따라 의역을 한 곳도 있습니다.
- 시어 중에 풀이가 필요한 경우는 주석을 덧붙였습니다. 그러나 인명과 지명 등 고증이 필요해 아직 확정하지 못한 경우는 그대로 두고 후고를 기약했습니다.
- 맞춤법과 띄어쓰기는 한글 맞춤법과 표준어 규정을 따르는 것을 원칙으로 삼았습니다.
- 이 책에 사용한 부호는 다음과 같습니다.
  ( ) : 단어의 한자 병기 또는 번역어의 원문 표시
  " " : 대화 등의 인용문을 묶음.
  ' ' : " " 안의 재인용, 또는 강조 부분을 묶음.
  《 》 : 책명 및 각주의 전거(典據)를 묶음.
  [ ] : 괄호가 중복될 때, 또는 괄호 안의 말과 바깥 말의 독음이 다른 한자의 병기.
- 지은이 소개는 해설에 포함되어 있으므로 이 책에서는 생략합니다.

〈지역 고전학 총서〉를 펴내며

　고전은 시간과 공간에 의해 1차적으로 규정을 받으며, 지금 이곳을 우리에게 의미 있는 메시지로 전달할 수 있는 텍스트를 말한다. '고전'은 역사적으로 상대적인 개념이므로, 고정불변의 권위를 특별히 갖지는 않는다. 보편성을 갖는다고 여겨지는 텍스트들의 경우, 그것이 고전이라 일컬어지는 것은 여전히 지금 여기의 문제를 논의하는 데에 유용하기 때문이다. 그 이상도 이하도 아니다. 이를테면 《논어》가 고전일 수 있는 이유는 '공자의 《논어》'라서가 아니라 지금 이곳을 위해 《논어》 속 지혜가 필요하기 때문이며, 《사기》를 읽어야 한다는 것도 '사마천의 《사기》'라서가 아니라 지금 이곳을 살아가는 인간의 문제를 이해하는 데 중요한 시사점을 제공하기 때문이다. '고전 목록'이 시기별, 주제별로 제작되어야 하는 이유가 바로 여기에 있다.

　그런 점에서 고전은 철저하게 '지역'에 복무한다. 지역은 지금 이곳의 다른 말로서, 시간과 공간으로 규정되는 인간의 삶 자체를 뜻한다. '지역'을 특정 공간으로 한정해선 안 되는 이유가 바로 여기에 있다. 또한 '지역'을 중심과 상대되는 주변으로 환치해서도 안 된다. 중심도 지역이요, 주변도 지역이기 때문이다. 우리는 '지역'을 인간의 삶이 실질적으로 구현되는 장소, 시간과 공간의 좌표에 의해 구분되는 인간적, 인문적 영역으로 이해한다. 곧 특정한 장소는 상상의 중심에 의해 주변화한 곳이 아니라, 그 자체로 하나의 시간과 공간에 의해 규정된 사람들의 삶 자체를 의미하는 것이다.

따라서 '지역'에서 생산된 텍스트, 특히 한문 고전은 무엇이든 의미가 있다. 모두 특정 주체들의 이성과 감성을 함유하고 있기 때문이다. 특히 한문 고전을 주목하는 이유는 그 안에 우리 전통의 삶이 지혜로 녹아 있기 때문이다. 지역은 한글이 일상어가 된 근대 이후에도 한문 고전을 생산하고 있었다. 우리는 이 지점도 주목한다. 지역의 한문 고전은 바로 얼마 전까지만 해도 우리 삶을 보여 주는 텍스트였던 것이다. 우리가 '지역'과 '고전'을 하나로 붙이고, 지역의 모든 인문적, 인간적 생산물을 주목하는 것은 바로 이 때문이다.

그러나 '지금 이곳'의 다른 말로 '지역'을 주목하고, '이곳'에서 생산된 한문 고전을 텍스트로 읽고자 하는 데에는 더욱 중요한 사고가 바탕을 이루고 있다. 바로 인간의 생명 그 자체를 존중하고 평등하게 대하는 태도다. 살았던 것/살아온 것/살아갈 것은 모두 존중받을 필요가 있으며, 이들에 의해서 생성된/생성되고 있는/생성될 텍스트는 모두 평등한 가치를 부여받아야 한다. 학연이든, 지연이든, 권력이든, 소용(所用)이든, 그 어떤 이유로도 생명(우리는 문헌도 하나의 생명으로 간주한다)에 대해 차별할 근거는 없다. '지역'의 편언척자(片言隻字)조차도 의미 있다고 여기는 이유가 바로 여기에 있다. 《사기》를 짓기 위해 산천을 거듭 다녔던 사마천의 마음과, 조선 팔도를 수차례 걸어 다니며 작은 구릉과 갈래 길도 세세히 살폈던 김정호의 생각을 떠올려 본다.

이제, 우리는 '지역'에서 생성된 텍스트에 생명을 불어넣고 의미를 부여하는 작업을 시작할 것이다. 그동안 이들은 '생명 없는 생명체'였으며, '고립된 외딴섬'이었다. 비록 미약하지만 이후로 하나씩 '살아 있는 생명체'가 될 수 있도록 소중하게 발굴하고 겸손하게 살피고 애정으로 복원해 21세기 한국 사회의 지적 자산으로 확보하고자 한다. 그 방법은 단순하고 명쾌하다. 가까운 곳에서부터 하나씩 '고전'을 발굴하고 복원하는 것이다. 우리는 저들이 우리의 곁에 존재했건만 아직 손대지 못했음을 반성한다. 이후 복원된 생명들이 아름답게 어우러져 훌륭한 인간적, 인문적 세계를 이룰 수 있기를 기대해 본다. 많은 분들의 동참을 기다린다.

2022년 8월
지역 고전학 총서 기획 위원회

차 례

봄날 걸어서 연못으로 나왔다가 흥이 일어 곧장 시를 짓다
· 3
한능일이 찾아 줌에 고마워서 · · · · · · · · · 4
사촌 동생 사중이 한중으로 책 읽으러 가는 것을 떠나보내며
· 5
추석, 달을 마주하면서 · · · · · · · · · · · · · 7
가을밤, 속마음을 노래하다 2수 · · · · · · · · · 10
봄날 한가로이 지내며 일을 쓰다 5수 · · · · · · · 13
《자성록》의 뒤에 쓰다 · · · · · · · · · · · · · 18
족숙 사연의 시에 받들어 화운하다 6수 · · · · · 20
나를 애도하며 · · · · · · · · · · · · · · · · 24
우연히 짓다 · · · · · · · · · · · · · · · · · 26
산거하며 속마음을 적다 5수 · · · · · · · · · · 27
나를 경계하다 · · · · · · · · · · · · · · · · 32
9월 25일, 남명(南冥) 선생의 사당에 제사가 내렸기에, 그 예식을 보기 위해 다시 덕산(德山)에 갔다 · · · · · · · 33
제사가 끝난 뒤 느낌이 있어서 · · · · · · · · · · 34

세심정에 올라 같이 놀러 온 제공과 수작하다 3수 · · · 35
적벽을 지나며 · · · · · · · · · · · · · 37
병든 나를 탄식하며 · · · · · · · · · · 38
나이 서른을 탄식하는 노래 · · · · · · · · 42
후회 2수 · · · · · · · · · · · · · · · 46
이신약을 애도하며 · · · · · · · · · · · 49
봄을 아쉬워하며 · · · · · · · · · · · · 50
가을 더위 · · · · · · · · · · · · · · 51
비로소 시원함이 · · · · · · · · · · · · 52
단구로 가던 중에 시를 짓다 · · · · · · · · 54
대각동으로 이주한 성경묵이 찾아와서 · · · · · 55
유백삼이 보내 준 시에 받들어 화운하다 2수 · · · · 56
유잠가를 통곡하다 2수 · · · · · · · · · · 58
양여일의 〈송석재〉 시에 차운하다 4수 · · · · · · · 60
금호강을 건너다 · · · · · · · · · · · · 65
유잠가의 고택을 찾다 · · · · · · · · · · 66
봄날 고향집을 그리워하며 · · · · · · · · · 67
정취사에서 김천유와 삼가 헤어지며 4수 · · · · · · 70
유상동. 정명도의 운을 쓰다 2수 병서 · · · · · · 73
봄빛 · · · · · · · · · · · · · · · · 76
한밤에 앉아서 · · · · · · · · · · · · 77

삼월 초하루 · · · · · · · · · · · · · · · 79
이도경에게 주며 헤어지다 · · · · · · · · · 80
신 승지에게 삼가 드리다 · · · · · · · · · · · 81
무제 2수 · · · · · · · · · · · · · · · · · · · 83
정취사와 헤어지며 · · · · · · · · · · · · · 85
다시 율시 한 수로 속마음을 보이다 · · · · · · · · 86
이사한 뒤에 읊다 · · · · · · · · · · · · · · 87
저녁 흥취 · · · · · · · · · · · · · · · · · 88
육방옹의 〈복거〉 시를 읽다가 문득 그 운에 차운하다 2수
· 89
오래된 병 · · · · · · · · · · · · · · · · · 91
유거 2수 · · · · · · · · · · · · · · · · · · 92
병중에 의원 송경룡에게 화답하다 2수 · · · · · · · · 94
임장의 만사 · · · · · · · · · · · · · · · · 96
구암 서원 대관대에서 감회가 있어 2수 · · · · · · · 97
가을날, 우연히 시를 지어 애오라지 나를 위로하다 · · 99
친구에게 차운하다 2수 · · · · · · · · · · · · · 100
환아정 오덕계 선생의 시에 차운하다 · · · · · · · · 102
봄날 저녁 · · · · · · · · · · · · · · · · · 103
8월 14일, 꿈에 유잠가(柳潛可)의 편지를 받았는데, 다시 잠가도 보였네 · · · · · · · · · · · · · · · 104

심운암에서 묵고 장차 삼산으로 갈 것이라, 한문칙과 성경묵
에게 고마워하다·················105
세심정에서 양이겸의 시에 차운하다 3수 ······106
청암 혈암. 이생의 시에 차운하다 ·········108
다시 짓다 2수···················109
허장을 추모하며··················111
한가로운 가운데 마음대로 읊다 5수 ········112
정장을 추모하며··················117
졸다 일어나 빗소리 듣다·············118
때맞추어 내린 비 ················119
봄날 혼자 지내다 2수 ··············121
이장 백회가 호계로 가는 것을 보내며 이별하는 마음을 써
주다························123
여러 공과 같이 묵방사에서 놀다가 헤어지게 되니 감회가 있
다·························124
악옹 허장이 찾아 주심에 삼가 고마워하며 ····125
악옹과 삼가 헤어지며 ··············126
처사 소춘암의 시를 읽고 느낌이 있어 ······127
비 오는 가운데 매화꽃을 보며 느낌이 있어 ····129
장맛비 탄식···················131

이현경이 대각 서원에서 글을 읽다가 때때로 달빛 아래 찾아
왔다. 그 뜻이 느꺼울 만했다. 그가 돌아간 뒤에 이 시를 지어
서 내 뜻을 부친다 · · · · · · · · · · · · · · · 132
이현경에게 답하다 2수 · · · · · · · · · · · 133
글을 보며 느낌이 있어 · · · · · · · · · · · · 135
노이극을 추모하며 · · · · · · · · · · · · · 137
족숙 하징보를 추모하며 · · · · · · · · · · · 138
가을날의 잡영 11수 · · · · · · · · · · · · · 139

해설 · 145
옮긴이에 대해 · · · · · · · · · · · · · · · · 151

예암 시선

봄날 걸어서 연못으로 나왔다가 흥이 일어 곧장 시를 짓다

섬돌 너머 꽃이 피어 눈이 환해진 듯할사
산새는 또다시 한가한 울음 보내누나.
누구도 나와 마음으로 즐거워할 이 없나니
반 묘 밭에 뜬구름만 저 혼자 맑아라.

春日步出方塘興到卽賦

隔砌花開眼欲明　山禽時復送閒聲
無人會與吾心樂　半畝天雲獨自淸

한능일계로이 찾아 줌에 고마워서

기러기 울고 벌레 읊조리니 올해도 저무는고야
사립은 열리지 않은 채 오솔길에 이끼만 짙네.
갯가 남쪽의 친구인 한능일이여
궁벽한 산을 오가며 그대만이 찾아 주었구려.

謝韓能一啓魯見訪
鴈叫蟲吟歲欲暮　柴門不闢徑苔湥
浦南故友韓能一　來往窮山獨自尋

사촌 동생 사중[1]진현이 한중으로 책 읽으러 가는 것을 떠나보내며

해마다 만나고 헤어짐이 참으로 상사는 아니건만
어인 일로 머나먼 길을 다시 이리 떠나는가?
공명은 뜻을 흔드니, 본래 귀한 것은 아니라
묻고 배움도 정도는 없고 그저 정성에 달렸지.
바야흐로 성실해야[2] 실패함이 없거니와
조심해서 덧없고 경박한 이들 뒤따르게 말지니.
그대 위해 한마디 써서 주노니
찬찬히 이 병든 형[3]을 마음에 두시게나.

---

1) 사중(師仲) : 하진현(河晉賢, 1776~1846). 호는 용와(容窩), 자는 사중이다. 1776년에 함와(涵窩) 하이태(河以泰)의 장자로 태어났다. 하진현이 하우현과 여덟 살 정도 차이가 나는데, 하우현에게 글을 배웠다는 기록이 있다.
2) 성실해야 : 원문은 '조조(慥慥)'로, 독실한 모양을 이른다. 《중용(中庸)》에 "말은 행실을 돌아보며 행실은 말을 돌아보아야 하니 군자가 어찌 독실하게 하지 않겠는가?(言顧行 行顧言 君子 胡不慥慥爾)"라고 했다.
3) 이 병든 형 : 원문은 '차병형(此病兄)'으로, 《예암집(豫菴集)》의 저자

送從弟師仲普賢往漢中讀書

離合年來苦未常　遙程何事復斯行
功名撓志元非貴　問學無方只在精
慥慥方能無敗闕　兢兢休使逐浮輕
一言爲寫持相贈　眷眷其心此病兄

하우현을 말한다.

추석, 달을 마주하면서

팔월 하고도 스무사흘날 밤이라
나는 초당에서 여전히 홀로 자노라.
침상에서 말똥말똥 시름에 잠들지 못하고
밤은 어이해 그리도 유달리 적막하던고.
사방의 이웃집에 사람 소리 끊기고
오직 겨울 귀뚜라미 집 안 벽 틈에서 울고 있네.
어데선가 창 사이로 하얀 빛이 나더니만
동녘 하늘에 찬 달빛4)이 촛불처럼 환해라.
나는 이에 창을 열고 일어나 서성이는데
맑고 밝은 기운에 되레 스스로 깨닫노라.
옛날 나는 추옹의 가르침5)을 읽었으면서도

---

4) 찬 달빛 : 원문은 '한월(寒月)'로, 추운 겨울의 달, 싸늘한 느낌의 달을 의미한다.
5) 추옹의 가르침 : 원문은 '추옹훈(鄒翁訓)'이다. 추옹(鄒翁)의 가르침이란 뜻으로, 추옹은 추(鄒)나라 출신의 맹자를 가리킨다. 중국 춘추전국 시대의 사상가로 인의설(仁義說)·성선설(性善說)·왕도 정치론(王道政治論)을 역설했으며, 유교를 유도학(道德學)으로서 확립하

야기6)를 체인7)하라던 말씀 여직 깨치지 못했구나.
부디 바라건대, 오늘 밤 이 경계 속에서
눈 속에 맺힌 영리함이 모두 사라지소서.
인심의 본체와 일반을
저 어찌 곡망8)하기를 수차례 되풀이하랴?
고인이 남긴 말씀은 진실로 맛이 있을사
옷깃을 가다듬고 달을 마주해 길게 세 번 반복하노라.9)

고 정치론으로서 정비했다.
6) 야기(夜氣) : 일체의 바깥 사물이 잠든 깊은 밤중이나 새벽의 전혀 잡념이 없는 순수한 마음가짐을 이른다. 《맹자(孟子)》〈고자 상(告子上)〉에 "인간에게 밤낮으로 생장하는 이른 아침의 맑은 기운이 있어, 선을 좋아하고 악을 싫어하는 마음이야 사람이라면 거의 같겠지만, 낮에 행하는 바가 이 기운을 뒤섞어 없애 버리기 때문이다. 이처럼 뒤섞어 없어지는 것을 되풀이하면 그 야기(밤의 맑은 기운)는 남아 있지 못하게 되고, 야기가 남아 있지 못하게 되면 금수(禽獸)와의 차이가 멀지 않게 된다(其日夜之所息 平旦之氣 其好惡與人相近也者幾希 則其旦晝之所爲 有牿亡之矣 之反覆 則其夜氣不足以存 夜氣不足以存 則其違禽獸不遠矣)"라고 했다.
7) 체인(體認) : 마음속으로 깊이 인정함을 의미한다.
8) 곡망(梏亡) : 욕심 때문에 본래의 선한 마음을 잃음. 양심을 속박해 기능을 잃게 하는 것을 말한다. 《맹자》〈고자 상〉에 "속박으로 인한 상실(謂因受束縛而致喪失)"이라고 했다.

사람으로서 그 본원을 살펴 알 수 있다면
그제야 몸과 마음이 깨끗하게10) 되리라.

中秋對月

八月二十三之夜　我在草堂仍獨宿
枕上耿耿愁無寐　夜如何其殊寂寞
隣家四面人聲絶　惟有寒蛩鳴屋壁
忽然牕間生白色　寒月東天皎如燭
我乃推窓起徘徊　淸明氣像還自覺
昔日余讀鄒翁訓　夜氣體認猶未得
庶幾今夜此境界　眼中伶俐都消得
人心本體與一般　夫何梏亡多反覆
古人遺言誠有味　整襟對月長三復
人能察識其本原　方始身心有灑落

---

9) 세 번 반복하노라 : 원문은 '삼복(三復)'. 삼(三)은 여러 번이란 뜻으로, 자주, 반복적으로 되풀이하는 모습을 표현한다.
10) 깨끗하게 : 원문은 '쇄락(灑落)'으로, 청신쇄락(淸新灑落)의 준말이다. 맑은 기운으로 깨끗하게 된 상태를 가리킨다.

가을밤, 속마음을 노래하다 2수

제1수

가을밤이라 홀로 잠들지 못하거니와
달은 밝고 하늘의 기운은 맑을시고.
쓸쓸할사 초당은 고요한데
사방 벽에서 벌레 소리 나누나.
고질병은 아직도 낫지 않았는데
세월은 밤낮으로 가는구나.
젊은 시절이야 얼마나 되려나
사업일랑 모두 이룬 것이 없네.
눈으로 시물(時物)[11]이 변함을 보니
초조해 마음 가누기 어려워라.

---

11) 시물(時物) : 시절에 맞추어 나오는 사물들을 가리키는 것으로, 가을날에 제 본색을 드러내는 사물도 이제 이울어 가는 것으로 표현했다. 즉, 세월이 변화하고 있음을 우회적으로 표현한 것이다.

제2수

사방 들판에 가을 소리들 일어나고
휘이익휘이익[12] 하늘은 서늘할시고.
이 순간 병이 나은 듯해
옷을 헤치고 초당에 앉노라
끼룩끼룩 구름 속에서 기러기 울고
우수수우수수[13] 우물가 오동나무도 우네.
방초들 이울어 떨어지려는데
온갖 벌레들 침상 아래서 흐느끼네.
누런 벼도 곧 익어 갈 터요
하얀 이슬도 또 서리가 되리라.
이럭저럭[14] 이 가운데 지내면서
부질없이 감회만 길어지누나.

---

12) 휘이익휘이익 : 원문은 '소소(蕭蕭)'로, 추성 가운데 하나인 바람 소리를 뜻하나 쓸쓸한 의미도 있다.
13) 우수수우수수 : 원문은 '색색(摵摵)'으로, 잎이 지는 소리를 표현했다.
14) 이럭저럭 " 원문은 '거제(居諸)'로, 세월이 지나가는 것을 말한다. 《시경》〈패풍·일월〉에 "해와 달이 머물며 아래 세상 비추는구나(日居月諸, 照臨下土)"라고 했다.

대장부로 이곳 이 자리에 태어나
백 년 세월 어찌 저리 바빴던가?
젊어서는 노력하지 않더니만
늘그막에 하릴없이 서럽고 마음 아파라.

秋夜詠懷二首

其一首

秋宵獨不寐　月明天氣淸
寥寥草堂靜　四壁起蟲聲
沉痾猶未消　光陰日夜征
少壯能幾時　事業都無成
眼看時物非　悄悄難爲情

其二首

四野秋聲起　蕭蕭天宇涼
于時病欲蘇　披衣坐草堂
嗈嗈雲雁叫　摵摵井梧鳴
衆芳萎欲落　百蟲啼在床
黃稻將向熟　白露且爲霜
居諸此中去　徒然感懷長
丈夫生宇宙　百年何太忙
少壯不努力　老大空悲傷

봄날 한가로이 지내며 일을 쓰다 5수

제1수
    임천에 살면서 스스로 즐거워했나니
    고요할 때면 술잔 들고 이 삶을 노래하네.
    뜨락의 꽃이 벙그니 마주 볼만하거니와
    대 이슬에 붓을 적시니 속정 써냄에 넉넉해라.
    느긋하게 놀며 세월 보내기 참 좋을사
    번뇌가 이 몸에 들어오지 않도록 할지라.
    세상의 높은 벼슬아치들 무엇을 일삼느뇨
    담담하게 추구하지 않으니 바야흐로 아름다워라.

제2수
    하는 일 없어 정자 안에서 졸다 막 일어나니
    꽃 너머 사립문은 한낮이라 열려 있네.
    시를 나누고 떠나는 산촌 나그네를 울적하게 바라보다
    술을 들고 찾아오는 시골 사람을 기쁘게 쳐다보네.[15]

---

15) 술을… 쳐다보네 : 도잠(陶潛)의 〈음주(飮酒)〉 제9수에 "술 단지 들

천 그루 숲속에서 저 혼자 꾀꼬리 소리 좋거니와
세 오솔길[16]은 아울러 약초까지 심기에도 알맞다네.
해 질 무렵 봄바람이 고요한 방 안으로 불어오는데
안상(案上) 끝에 하얀 달빛 비치자 먼지 하나 없어라.

제3수

뉘엿뉘엿 세상의 봄은 끝나 가려는데
한가로운 흥취, 이 순간 많음을 가지지 못할레라.
바람 앞을 나는 새들, 소리 내며 오가거늘
비가 온 뒤 뽕과 삼은 어찌 그리 자라는지.
대그릇 밥으로도 스스로 만나는 삶에 편안할 수 있으니
높은 수레나 관복일랑 그저 남에게 맡길 뿐이라오.
되는대로 짧은 시구 지어 읊조리다가 그치니
그예 뜨락의 나뭇가지에 해그림자 비스듬하누나.

제4수

태평성세에 어찌 재주 박한 이를 쓰리오

고 멀리서 인사 오다(壺漿遠見候)"라고 했다.
16) 세 갈래 오솔길 : 원문은 '삼경(三徑)'. 정원(庭園) 안의 세 갈래 좁은 길이란 뜻으로, 도잠의 〈귀거래사〉에서 유래한다.

조용히 바위 숲에 놓이자 몸 둘 곳이 보이네.
누움 있되 현안(玄晏)의 병17)을 감당치 못하겠거니와
찾음 없되 자운(子雲)의 가난18)을 좇지는 말지라.
번뇌의 집착을 끊자 마음 둠이 고요하고
만흥의 시를 이루자 뜻 세움이 새로울시고.
참으로 이사이 즐거운 일이 많나니
눈에 든 꽃이며 나무들 스스로 삶을 살아가놋다.

제5수

반듯하게 사노라니 모든 일에 관심이 가지 않고
날 다 가도록 빈집에 앉으니 바보인 듯하이.
고요히 보노라니, 창 앞의 산빛이 좋고
때때로 들리나니, 숲 저편 빗소리가 더디구나.

---

17) 현안(玄晏)의 병 : '현안'은 진(晉)나라의 은자(隱者) 황보밀(皇甫謐)의 호다. 그는 농사를 짓고 살았지만 고상한 뜻을 가진 채 학문을 닦았다. 무제(武帝)가 여러 번 벼슬로 불렀지만 병을 핑계 대면서 나아가지 않았고 끝내 벼슬하지 않았다.
18) 자운(子雲)의 가난 : '자운'은 전한의 문장가 양웅(揚雄)의 자다. 그는 학문을 좋아했을 뿐이었기에 집안이 영락해 가난하게 살았다. 그리하여 자신이 좋아하는 술도 제대로 마시지 못했다고 한다. 그의 거처는 가난한 문사가 사는 거처의 비유로도 쓰인다.

한가한 틈을 타서 때마침 거문고며 술을 부르고
분수를 찾아 다시 의당 소나 쟁기를 따라간다오.
이제부터 내 삶은 자적할 수 있을지니
세상에 알아주는 이 적다 해서 개의치 않으리.

春日閒居書事五首
其一首

棲息林泉自有樂　靜時觴詠此生涯
庭花供笑堪相對　竹露濡毫剩寫懷
最合優遊度歲月　不敎煩惱入形骸
世間軒冕知何事　淡淡無求方自佳

其二首

亭中無事睡初起　花外柴扉向晝開
悵望酬詩山客去　喜看攜酒野人來
千林獨自鶯聲好　三徑兼宜藥草栽
晚日春風吹靜室　案頭生白絶塵埃

其三首

苒苒人間春欲暮　不勝閒興此時多
風前禽鳥聲來往　雨後桑麻長幾何
簞食自能安所遇　軒裳只可任之佗

謾題短句吟還罷　坐向庭柯日影斜

其四首

明時何用薄才人　閑放巖林見在身
有臥不堪玄晏病　無求休逐子雲貧
煩魔念絕棲心靜　謾興詩成立意新
最是此間多樂事　眼中花木自經綸

其五首

端居百事無關念　盡日虛堂坐似癡
山色靜看當牖好　雨聲時聽隔林遲
乘閑會有琴樽近　覓分還宜犁耙隨
從此吾生能自適　不妨於世少人知

《자성록》의 뒤에 쓰다

나는 예전에 성인의 가르침을 들었나니
본성은 사람마다 전혀 다르진 않았네.
어찌하여 품부받은 기질이
이렇게 어리석거나 현명하게 되었나?
돌아보면 나의 재주는 둔하나니
노둔하기는 말할 것도 없네.
덕성은 용행(庸行) 근실을 잃었고
배움은 전인의 말씀을 알지도 못했지.
빙 둘러 방 안에 앉았자니
사방은 모두 장벽일 뿐이라.
그 처음에는 뜻이 없는 것도 아니었는데
헤매고 빠지더니 이 지경에 이르렀네.
고요히 말없이 그 까닭 살펴보니
병의 근원은 형역(形役)에 있었다오.
진실로 부지런히 힘쓰지 않는다면
늘그막에 서러워한들 무슨 소용 있으랴?

書自省錄後

我昔聞聖訓　人性無殊絕
胡爲氣質稟　有此愚與哲
顧余才之鈍　鹵莽無足說
德失庸行謹　學沒前言識
還如坐房舍　四面皆墻壁
其初非無志　迷溺至此極
靜默思厥故　病原在形役
苟不勉孜孜　老大悲何及

족숙 사연치중의 시에 받들어 화운하다 6수

제1수

들판 멀리 돌아가는 구름 움직이고
앞산에 새벽 구름이 짙어라.
맑은 새벽, 일어나 홀로 앉아
날 가도록 남창에 기대 있네.[19]

제2수

산들산들 온화한 바람은 고요하고
뉘엿뉘엿 한가로운 해는 길어라.
때때로 세 갈래 오솔길로 따라가나
일삼아 서성이는 것은 아니라네.

---

19) 남창에 기대 있네 : 원문은 '의남창(倚南牕)'. 《귀거래사(歸去來辭)》에 "남창에 기대어 오연(傲然)히 즐거워하니, 무릎이나 들어갈 작은 집이 편안하기 쉬움을 알겠노라(倚南窓以寄傲 審容膝之易安)"라고 했다.

제3수

매화가 피는 걸 막지도 못했거니와

다시 돌아보니 새 울음도 많아라.

은거살이 비록 적막하다지만

그래도 속인보다 훨씬 낫구려.

제4수

병이 나으려면 언제나 되려나

시를 중얼거리다 다시 봄을 맞노라.

시름 속에 끝없는 마음이여

서러움을 뉘에게 이야기할까나?

제5수

술에 취해 돌아오긴 어이 더딘지

바둑 친구는 약속하고 오지 않는구나.

유독 이 마음을 위로받으니

아름다운 시구로 옥구슬[20]을 대신한다오.

---

20) 옥구슬 : 원문은 '경괴(瓊瑰)'. 경거(瓊琚)와 같은 말로, 옥구슬 혹은 패옥을 가리킨다. 《시경》에 "나에게 모과를 던져 주신 분, 나는 패옥(佩玉)으로 답례하고 싶나니, 굳이 보답하려 해서가 아니라, 길이 친하

제6수

맑은 바람이 정녕 집 안을 감싸니
봄물이 아마 못에 가득 찼으리.
어이하면 형문21) 아래에서
구름 뚫고 한번 절할 수 있을까나?

奉和族叔舍淵致中六首

其一首

遠野歸雲動　前山曉靄濃
淸晨起獨坐　終日倚南牕

其二首

澹澹和風靜　遲遲閒日長
時從三徑去　非爲事徜徉

게 지내자는 것이외다(投我以木瓜 報之以瓊琚 匪報也 永以爲好也)"라는 말이 나온다.
21) 형문(荊門) : 두 개의 기둥에다 한 개의 횡목을 가로질러서 만든 허술한 대문이라는 뜻으로, 은자(隱者)가 사는 곳을 이르는 말이다.

其三首

不禁梅花發　還看鳥語多
幽居雖寂寞　猶勝俗人過

其四首

蘇病知何日　哦詩又見春
愁中無限意　惆悵語誰人

其五首

酒使歸何晚　碁朋約不來
獨蒙憐此意　佳什抵瓊瑰

其六首

光風應繞屋　春水想盈池
安得衡門下　穿雲一拜之

나를 애도하며

일생 게으르고 내팽개쳐져 경륜조차 없더니
만사는 모순투성이요, 진나라 초나라[22]보다 많아라.
적막한 생애는 농사일에 부쳤거니와
미치광이 신세는 풍진과 같다네.
그저 명리는 참으로 귀한 것은 아니니
항상 공부하며 날로 새로워지려네.
강개하게 시를 짓다가 이따금 혼자 웃나니
만산에 안개비 내리는, 정녕 만춘이어라.

---

22) 진나라 초나라 : 춘추 시대에 초나라와 진나라가 대립하고 있었다. 여러 해 동안 싸우느라고 사상자가 많았고 천지의 조화로운 기운도 많이 훼손되었다. 이른바 안팎으로 고난에 시달린다는 뜻을 지닌 '내우외환(內憂外患)'의 고사도 이들 간의 전쟁에서 비롯했다. 원문의 '초진(楚秦)'은 두 나라가 오랫동안 전쟁을 해서 내우외환에 시달린 것처럼 아주 힘겹고 곤란한 시기를 뜻한다. 곧 이 구절은 시인이 겪고 있는 모든 일이 모순처럼 어긋나고, 그런 상황이 아주 힘겨웠던 시기보다 많았다는 뜻이다.

自悼

一生懶廢無經綸　萬事盾矛多楚秦
寂寞生涯寄隴畝　顚狂身世等風塵
但知名利非眞貴　常用工夫趁日新
慷慨賦詩時自笑　滿山煙雨正殘春

우연히 짓다

사람의 마음은 원래 모질지 않고
하늘의 이치도 본래 삿되지 않네.
도가 이런 사이에 있나니
자신을 멀리 치닫지 말지라.

偶題

人情元不惡　天理本無私
道在如斯間　將身莫遠馳

산거하며 속마음을 적다 5수

제1수

한번 들어가 궁벽한 골짝에 누우니
가시나무 사립은 낮에도 열리지 않노라.
빈 뜨락에 잎 지는 소리 들려오고
옛 골짝 사이로 흘러오는 구름 보이네.
덧없을사, 세월은 빨리 흐르고
그윽할사, 공업의 뜻은 무너졌도다.
마음이 있어도 같이 말할 이 없어
낯선 이의 마음, 식은 재와 같이 되었구려.

제2수

쓸쓸한 옛 골짝 안에서
사업을 끝내 어이 이루리오?
그예 떳떳한 뜻을 자부하면서
어이 하잘것없는 이름을 감내하랴?
세상의 마음을 곳마다 보나니
시들은 평가하는 이를 기다린다오.
시 읊조림도 끝나기 전에

무단히 한 해가 다시 기우는구려.

제3수

내 삶이야 그저 괴로울지니
엎어져 먼지바람 속에 있구나.
이미 내 몸을 위한 계책이 소졸한 것 어쩌랴
더욱 덧없는 생계가 빈한함을 슬퍼하노라.
국을 먹든 담장에서든[23] 옛 성인을 그리워하며
혼자 쓸쓸히 지내며[24] 마음 같은 이를 추억하네.
매양 평상 머리맡에 앉아서
시름겨워 읊조리며 자주 뜻을 부치노라.

---

23) 국을 먹든 담장에서든 : 원문은 '갱장(羹墻)'이다. 《후한서(後漢書)》〈이고전(李固傳)〉에 "앉으면 담에서 요임금을 보고, 먹으면 국에 요임금이 보인다(坐則見堯於墻, 食則睹堯於羹)"라고 했다.
24) 혼자 쓸쓸히 지내며 : 원문은 '이삭(離索)'으로, 이군삭거(離群索居)의 준말이다. 벗들을 떠나 쓸쓸히 홀로 사는 것으로, "자하(子夏)가 《예기(禮記)》〈단궁(檀弓)〉에서 "내가 벗을 떠나 쓸쓸히 홀로 산 지가 오래다(吾離群而索居 亦己久矣)"라고 했는데, 여기에서는 형제를 떠나 홀로 지냈음을 뜻한다.

제4수

아직은 끝내 편안히 세상 벗어날 줄은 모르겠거니와
막힌 길 끝에 이 삶이 있구나.
이 한 몸은 부질없이 자잘하고
세상 모두 걸핏하면[25] 쉬지도 못하노라.
사람의 일은 곧으면 길하리란 것을 생각하고
하늘의 마음은 가득 차거나 넘침을 미워하네.
가난을 지키며 미혹되거나 무람없기를 멈추고
대그릇 밥으로 덧없는 화려함과 맞설지라.

제5수

세상 살아가며 허물이나 위험을 살피되
어드메서부터 이 한 몸을 두리오?
산이나 숲도 외려 세속과 가깝고
과거 공부는 쉽게 사람을 낮춰 버리는구나.
다만 행위가 후회함이 없도록 하리니
끝내 정녕 유덕자에게 이웃이 있으리라

---

[25] 걸핏하면 : 원문은 '동(動)'으로, 앞 구의 공(空)이 부사이니, 동(動)도 부사로 풀이했다. '걸핏하면, 자주'라는 뜻이다.

면려해 마땅히 스스로 결단할지니
무엇 때문에 망설이길 일삼는가?

山居書懷五首
其一首

一入臥窮谷　柴荊晝不開
空庭聞木落　古峽見雲來
苒苒年光邁　悠悠志業頹
有懷無與晤　客意冷如灰

其二首

蕭條古峽裏　事業竟何成
坐負堂堂志　那堪碌碌名
世情隨處見　詩什待人評
未及呻吟定　無端歲又傾

其三首

吾生秪自苦　顚到在風塵
旣奈身謀拙　尤悲桁業貧
羹墻懷往哲　離索憶同人
每向床頭坐　愁吟寄意頻

其四首

未識終安稅　窮途有此生
一身空瑣瑣　舉世動營營
人事思貞吉　天心惡滿盈
固窮休惑濫　簞食敵浮榮

其五首

世道看尤險　從何處一身
山林猶近俗　場屋易低人
但使行無悔　終應德有隣
勉之當自決　何用事逡巡

나를 경계하다

이롭고 해로움은 원래 내 마음을 병들게 하고
많이도 외물로 하여금 날마다 침입하게 했네.
만일 십분 녹이고 갈아 없앨 수 있다면
어이 불살라진 들판의 풀이 다시 우거짐을 보리오?

自警

利害元來病我心　多令外物日相侵
如能十分消磨了　寧見燒原草又深

9월 25일, 남명(南冥) 선생의 사당에 제사가 내렸기에,[26] 그 예식을 보기 위해 다시 덕산(德山)에 갔다

예식을 보러 종종걸음으로[27] 많은 선비들 모이고
이른 아침에 경건하게 오래된 사당이 열렸네.
가을바람이 불어올 제 사당 앞에서 묵는데
기나긴 밤 시냇물 소리 맑고도 서러울시고.

九月二十五日 賜祭南冥先生祠堂 爲觀其禮 重到德山

覼禮蹌蹌多士會 明朝肅肅故祠開
秋風來向祠前宿 永夜溪聲淸且哀

---

26) 제사가 내렸기에 : 원문은 '사제(賜祭)'로, 임금이 죽은 신하에게 제사를 내려 줌을 말한다.
27) 종종걸음으로 : 원문은 '창창(蹌蹌)'으로, '추창하다'를 뜻한다. 추창(趨蹌)은 예도(禮度)에 맞게 허리를 굽히고 빨리 걸어가는 것을 이른다. 《시경》〈소아·초자〉에 "예절 바르고 공경스러워라. 소와 양을 씻어서 겨울 제사와 가을 제사에 드리네(濟濟蹌蹌, 絜爾牛羊, 以往烝嘗)"라고 했다.

제사가 끝난 뒤 느낌이 있어서

백세토록 드높은 풍모의 조 부자[28]시여,
임금께서 세상에 다시 없이 감흥하셨도다.
뒷날 이 슬픔일랑 다시 무엇과 같을까나
정녕 구름 머문 산, 흐르는 강물에 머물리라.

祭罷有感

高風百世曺夫子 曠世君王興感之
惆悵後來復何似 雲山江水留應知

---

28) 조 부자(曺夫子) : 조식(曺植)을 말한다. 본관은 창녕(昌寧), 자는 건중(楗仲, 健中), 호는 남명(南冥)이다. 조선 중기 때의 학자로, 경상도 삼가현 토골에서 태어났다. 1501년(연산군 7) 주희(朱熹)·정호(程顥)·정이(程頤) 등의 초상화를 손수 그려 병풍으로 만들어 수시로 펴놓고 자신을 독려했다. 저서로《남명집》등이 있다.

세심정29)에 올라 같이 놀러 온 제공과 수작하다 3수

제1수

풍경은 가없이 좋을시고
깨끗할사, 흥취에 신명이 있어라.
좋은 밤을 만났으니 어찌할까나
더구나 구월 가을날이거든.

제2수

한 줄기 맑은 못 너머로
높은 산은 거인과 같아라.
선생을 어드메서 우러를까

---

29) 세심정(洗心亭) : 경상남도 산청군 시천면 원리 덕천 서원(德川書院, 경상남도 유형 문화재 제89호) 앞에 있는 정자다. 사적 제305호로 지정된 산청 조식 유적(曺植遺蹟) 중 한 곳이다. 조선 중기의 유학자 남명 조식(1501~1572)의 학덕을 추모하기 위해 지역 유림들이 1576년(선조 9) 건립한 덕천 서원 앞 덕천강 기슭에 세웠다. 세심정이라는 이름은 남명의 제자이자 성리학자였던 하항(河沆, 1538~1590)이 지었고, 《주역》에 "성인이 마음을 씻는다(聖人洗心)"라는 문구에서 비롯했다 한다.

구슬피 난간에 기대 읊조리네.

제3수
풍월을 기약하지 않고도 가졌으니
이번 걸음, 정히 얻기 어려운 터라.
시를 지어 서로 주고받으며
정녕 뒷날 만나 보려고 하놋다.

登洗心亭酬同遊諸公三首
其一首

光景無邊好　脩然興有神
如何良覿夜　又是九秋辰

其二首

一帶澄潭外　高山如巨人
先生何處仰　怊悵倚欄呻

其三首

風月不期有　玆遊正得難
詩成相把贈　擬作後來看

적벽을 지나며

길을 끼고 언 서리 길이라 걸음도 더디거니와
강 가득한 오리며 해오라기, 알아서 뒤따르누나.
한 번 울고 날아갔다가 더러 날아 내려오는데
산빛은 뉘엿뉘엿 해 저무는 때라네.

過赤壁

挾路冰霜行故遲 滿江鳧鷺自相隨
一聲飛去或飛下 山景依依落照時

병든 나를 탄식하며

내가 병을 얻은 것은 중광의 겨울이러니30)
손꼽아 보니 지금까지 햇수로 일곱 해라.31)
해마다 너무 괴로워 생의(生意)도 없나니
이 한 몸 어인 일로 길게 읊조리는지.
천 년 전 화타며 편작은 때를 같이하지 못하고
만 가지 영약도 모두 신통하지 않구나.
소갈 앓는 사마상여32)는 언제나 일어나려나
탄식할사, 현안33)과 같은 무리가 되었구나.

---

30) 내가… 겨울이러니 : '중광(重光)'이란 왕위가 대대로 이어지는 것을 뜻한다. 즉, 영조(1724~1776 재위)에서 정조(1776~1800 재위)로 이어지는 시기이니, 하우현(1768~1779)은 9세(1776)부터 병을 앓기 시작한 것으로 추측할 수 있다

31) 지금까지 햇수로 일곱 해라 : 16세에 이 시를 지었음을 짐작할 수 있다.

32) 사마상여 : 원문은 '상여(相如)'로, 사마상여(BC 179~BC 117)를 이른다. 중국 전한의 문인이다. 자는 장경(長卿)으로 일찍부터 소갈증(消渴症)을 앓았다고 한다.

33) 현안(玄晏) : 진(晉)나라의 황보필이라는 사람을 세상에서 현안(玄

비록 그 괴로움은 위로받지 못할지나
그저 심신 수습할 바 없어 마음 아프네.
나도 당당하게[34] 능히 뜻을 품고서
글을 읽고 도를 배워 전인을 바랐지.
만 권의 남겨진 경전이 책상맡에 쌓여 있었고
나 죽어 널을 덮을 때의 유언은 허리띠에 적어 놓았지.
어찌하여 하늘은 나의 뜻을 가련타 여기지 않고
나를 음양의 병환[35] 가에 던져 놓았는가?
올해 침울하거니와 이듬해엔 심할 터라
누웠자니 해와 달로 바퀴짝 되어 내달리게 하네.
간혹 멍하니 돌아보며 생각하다가도
나도 모르게 처음 마음이 쉽사리 멈칫하도다.[36]

晏) 선생이라 한다. 그는 시골에서 문을 닫고 숨어 살며 일생을 보낸 사람이다.
34) 당당하게 : 원문은 '뇌뢰(磊磊)'로, 도량이 넓어 작은 일에 구애하지 않는 모양을 나타낸다.
35) 음양의 병환 : 원문은 '음양지환(陰陽之患)'으로, 음양의 기운이 격렬하게 동요되어 몸의 조화를 잃은 나머지 병에 걸리는 것을 말한다.
36) 멈칫하도다 : 원문은 '준순(逡巡)'으로, (나아가지 못하고) 뒤로 멈칫멈칫 물러남을 뜻한다. 어떤 일을 단행하지 못하고 우물쭈물하는 것을 이른다.

오직 생각할손, 옛사람은 곤궁을 더욱 굳건히 지켰나니
우환 공부37)를 날로 새롭게 하리라 생각한다네.
소리 높여 한 번 부르짖고 벽을 바라보노라니
'동인(動忍)'38)이란 큰 글씨가 해처럼 분명하도다.

病中歎

我病得之重光冬　屈指至今年七春
年年沉苦無生意　一身何事長吟呻
華扁千秋不同時　刀圭萬方都無神
相如病渴何日起　歎息堪同玄晏倫
雖然其苦不足恤　但恨無由收心身
我昔磊磊能有志　讀書學道希前人
遺經萬卷床頭蓄　盖棺之說書諸紳
如何天不憐我志　投我陰陽之患濱
今年沉沉明年甚　臥令日月奔雙輪
有時憮然顧昐思　不覺初心易逡巡

---

37) 우환 공부(憂患工夫) : 사대부로서 남보다 먼저 근심하고, 기쁨은 남보다 뒤늦게 한다는 것이다. 북송(北宋)의 범중엄(范仲淹, 989~1052)이 "천하의 근심을 먼저 근심하고, 즐거움은 남보다 뒤에 누린다(先天下之憂而憂, 後天下之樂而樂)"라고 한 데서 유래했다.
38) 동인(動忍) : 동심인성(動心忍性)의 준말로, 항상 마음속에 두려움을 가져 조심하고 성품을 강인하게 만든다는 뜻이다.

但念古人窮益堅　憂患工夫思日新
高聲一號向壁看　動忍大字如日辰

나이 서른을 탄식하는 노래

우습다, 이 세상에서 내가 살아가는 일들이
시간이 갈수록 생각할사, 마음 서글퍼라.
황구39)로 숨바꼭질40)하던 나이가 언제였던가
갑자기 초모(髫髦)41)로 죽마 타는 나이가 되었다오.
어찌할까나, 이미 열네댓 살을 지나더니
어느새 다시 스물예닐곱 살을 지났도다.
세상은 이 세월에 무정하나니

---

39) 황구(黃口) : 일반적으로 10세 미만의 어린이를 의미한다. 원래 병아리의 부리를 가리켰지만 나중에 어린아이를 가리켰다. 고유(高誘)의 주(註)에 "황구는 어린아이이다(黃口, 幼也)"라고 했다.
40) 숨바꼭질 : 원문은 '미장(迷藏)'으로, 눈속임이나 은신처를 찾는 놀이, 숨바꼭질이라고도 한다. 풍집오(馮集梧) 주인(注引)《치허잡조(致虛雜俎)》에서 "명황과 옥진은 항상 휘영청한 달빛 아래에서 비단 손수건으로 눈을 싸고 사방 한 길의 공간에서 서로 붙잡는 놀이를 했는데 이것을 숨바꼭질이라고 한다(明皇與玉眞 恆於皎月之下, 以錦帕裹目, 在方丈之間, 互相捉戱, 謂之捉迷藏)"라고 했다.
41) 초모(髫髦) : 늙음과 젊음 모두를 의미한다. 보통은 "모(耄, 늙다)"의 의미를 가지고 있다.

뜬구름과 흐르는 강물이 서로 내닫고 빠뜨리네.
더구나 나는 차츰차츰 병이 많아지고
그럭저럭 구차히 사는 동안 궁벽한 마음은 사무쳤지.
어젯밤 산마을에 웃음소리 시끌벅적하고
집집마다 등불 켜서 그 빛이 꺼지지 않았네.
이웃 노인들 술을 갖고 와서 모이고
아이들은 저포 놀이 하며 장난감을 갖추었지.
산속은 예부터 달력이 없나니
그대에게 묻기를, 이날은 어느 절기러뇨?
사람들 말하길, 동짓달 30일 밤이라 하니
다시 묵은해가 가고 새봄이 시작되는구나.
술잔 쥐고 읊조리다 갑자기 놀라 일어날사
이듬해 나의 나이가 한 살 더 첨가되는구나.
탄식할사, 나 살아 오늘 몇 살이런가
술년(戌年)에서 정년(丁年)까지 손가락을 세 번 꼽는구나.

헛되게도 아직 공부자(孔夫子)의 입신을 배우지도 못했는데
듬성듬성 이미 반생(潘生)의 머리카락[42]이 보이는구나.
인생이 궁벽과 현달을 말해 무엇 하겠는가
두려울사, 그저 이렇게 사라질까 걱정할 뿐이네.

어찌 붓으로 새로 보고 들은 것이 있던가
여전히 구태의연한 기질을 벗지 못했구나.
참으로 알겠나니, 이 일 부끄러워할 만한 것임을,
나를 무단히도 혼잣말로 더욱 중얼거리게 하누나.[43)]
이제부터 오는 사람은 다시 누구와 비슷하리오
우러러보니, 전인의 치열함을 미치지 못할레라.
아아, 젊은이들아 의당 노력할지어니
나를 보니 유유할사, 길이 서술할 바 없구나.

三十歎歌

笑矣此世吾生事 時來念之心悲慄

---

42) 반생(潘生)의 머리카락 : '반생'은 진(晉)나라의 반악(潘岳)을 말한다. 그는 젊었을 때 모습이 아주 훌륭했는데, 중년이 되어 백발이 되었다고 한다. 그런데 그는 20세에 처음 벼슬해 낭관(郎官)이 된 뒤로 50세가 되기까지 여덟 번 벼슬을 옮겼지만 품계는 한 번밖에 오르지 않았을 정도로 관직 생활은 졸렬했다고 한다. '반생의 머리카락'은 세월 속에 덧없이 하얀 머리만 늘어 가는 자신을 자조적으로 표현한 것이다.
43) 중얼거리게 하누나 : 원문은 '돌돌(咄咄)'이다. 당(唐)나라 원교(袁郊)의 《홍선전(紅線傳)》에서 "설숭이 이 소식을 듣고 밤낮으로 근심하며, 중얼중얼 혼잣말만 되뇌고 있었지만, 아무런 계략도 생각해 내지 못하고 있었다(嵩聞之, 日夜憂悶, 咄咄自語, 計無所出)"라고 했다.

何時黃口迷藏年　忽忽髫髦騎竹日
如何已過十四五　居然還度十六七
人間無情此歲月　浮雲逝水交奔泪
況我侵尋多疾病　悠悠靡楬窮懷切
昨夜山村喧笑語　家家燈火明不滅
隣翁持酒來相集　小兒樗蒲具戲物
山中自古無曆日　問君此日屬何節
人言臘月三十夜　還除舊年新春發
把酒呻吟忽驚起　明年我齒添又一
歎息平生今幾何　自戊至丁指三屆
徒然未學夫子立　種種已見潘生髮
懍懍惟玆憂滅裂　未免依然舊氣質
寧有絲毫新聞見　使人無端增呭呭
殊知此事堪可愧　仰望無及前人烈
從今來者復何似　見我悠悠長無述
嗟嗟小子宜勉力

45

후회 2수

제1수

거원[44]은 일찍이 마흔 살에 잘못을 알았거든
나 오늘 서른에 거의 그와 비슷하구려.
아직 지난 것을 징계하지 못하는데 올 것을 어이 담보하리오마는
일부러 시를 지어서 나를 비방하노라.

제2수

항상 정문(程門)에서 인성(忍性)[45]을 비판했음을 떠올

---

44) 거원(蘧瑗) : 춘추 시대 위(衛)나라 사람. 자가 백옥이다. 영공(靈公) 때 대부(大夫)를 지냈다. 겉은 관대하지만 속은 강직한 성품으로, 자신은 바르게 했지만 남을 바르게 하지는 못했다. 전하는 말로 나이 50세에 49년 동안의 잘못을 알았다고 한다. 잘못을 고치는 데 늑장을 부리지 않았다. 오(吳)나라의 계찰(季札)이 위나라 찬허(贊許)를 지나가면서 군자라 여겼다. 공자가 그의 행실을 칭찬해 위나라에 이르렀을 때 그의 집에 머물렀다고 한다.
45) 인성(忍性) : 동심인성(動心忍性)이란 뜻으로 《맹자》〈고자 하〉에 "마음을 분발시키고 성질을 참게 해 불가능한 일을 능히 잘할 수 있게

리나니

　성품이 치우친 곳에 의당 가죽 차야 하리라.46)

　고인의 두 마음 품지 않음을 감히 따라 하지는 못하지만

　마음이 함양(涵養)의 언저리에서 적이 어긋날까 두려워하네.

有悔二首

其一首

蘧子曾知四十非　吾今三十庶乎幾
未能懲往來何保　故用爲詩以自誹

其二首

常憶程門忍性譏　性偏之處佩宜韋

하기 위함이다(所以動心忍性, 曾益其所不能)"라고 했다.
46) 가죽 차야 하리라 : '가죽을 차다'는 급한 성격을 누그러뜨린다는 뜻이다. 전국 시대 위(魏)나라의 서문표(西門豹)가 부드러운 가죽을 항상 몸에 지니고 다니면서 자신의 성격을 누그러뜨리려고 했던 데서 유래한 말이다. 《한비자(韓非子)》〈관행(觀行)〉에 "서문표는 성격이 급했다. 그래서 가죽을 차고 자신을 누그러뜨렸다. 동안우는 성질이 느렸다. 그래서 활시위를 차고 다니며 자신을 다잡았다(西門豹之性急 故佩韋以自緩 董安于之性緩 故帶弦以自急)"라고 했다.

古人不貳雖非敢　涵養地頭恐自違

이신약기로을 애도하며

자네를 아끼노니, 배움에 뜻을 두었던 묘령의 나이에
문아하고⁴⁷⁾ 반듯한 몸가짐, 효성스럽고 우애 있는 자태였지.
참으로 아쉬워라, 이 사람 오늘 불행하나니
이삭이 패고도 열매 맺지 못할사, 나 슬퍼하노라.

挽李新若基魯

愛君志學妙齡時　文雅儀形孝友姿
最惜斯人今不幸　秀而不實我之悲

---

47) 문아하고 : 원문은 '문아(文雅)'로, 시문(詩文)을 짓고 읊는 풍류(風流)의 도를 뜻한다. 《대대예기(大戴禮記)》〈보부(保傅)〉에서 "먼 곳의 제후에게 답하고 지위가 높고 큰 세력을 가진 사람을 만남에 대아의 말을 알지 못하는 것이다(答遠方諸侯, 遇貴大人, 不知文雅之辭)"라고 했다.

봄을 아쉬워하며

어젯밤 봄바람이 빗속을 지나가더니만
되레 봄빛이 북처럼 빨리 달려감을 보노라.
비록 봄이 저버린들 내 어이 등지리오
그예 꽃가지 보며 한번 시[48]를 지어야겠네.

惜春

昨夜東風雨裏過　却看春色疾如梭
雖春舍我吾何負　要向花枝爲一哦

---

48) 시 : 원문은 '아(哦)'로, 음아(吟哦)의 준말이다.

가을 더위

하루가 일 년 같나니, 기나긴 여름이 지나가거든
남은 더위가 가을날 많이 스며듦을 견디지 못할레라.
빈 마을에 빗물 방울지며 성가신 장기(瘴氣)를 씻어 주니
시원한 대자리에서 아이 불러 한낮의 차를 달이라 하네.
매미는 바람을 희롱하면서 멀리 나무에서 울어 대고
해오라기 다투어 물에 목욕하러 너른 웅덩이에 모였어라.
저물녘 되자 답답하게도 속마음은 괴롭나니
거닐다가 서늘한 그늘 드리운 홰나무, 버드나무 언덕을 찾노매라.

秋暑

一日如年長夏過　不堪餘暑入秋多
空村滴雨洗煩瘴　淸簟呼兒烹午茶
蟬爲弄風啼遠樹　鷺爭浴水集盤渦
晩來鬱鬱情懷苦　行訪凉陰槐柳坡

비로소 시원함이

빈 당에 하룻밤 사이 가을 기운이 돌거니와
겨우 약초밭 울타리에 기대자마자 병든 넋이 놀라네.
하늘 높이 옥우⁴⁹⁾가 우뚝 솟아 있는 곳에
잎 진 나무 사이로 가을바람은 소슬하게 소리 내누나.
오랜 비가 이미 묵은 늦더위를 물리칠 수 있나니
느릿한 붓으로 장차 갓 서늘한 기운을 읊고파라.
하루 종일 나그네들 자리 뜨고 사립문⁵⁰⁾도 고요한데
오직 가을 매미만 높은 나무에서 울고 있네.

---

49) 옥우(玉宇) : 경루옥우(瓊樓玉宇)의 준말로, 신화 속에 나오는 월궁(月宮) 속의 누각을 말한다. 소식이 송나라 신종(神宗) 희령(熙寧) 9년(1076)에 황주(黃州)로 귀양 가서 지은 〈병진중추작겸회자유(丙辰中秋作兼懷子由)〉에 "내가 바람 타고 돌아가고 싶나니, 경루옥우 높은 곳이 추위를 이기지 못할까 또 걱정일세(我欲乘風歸去 又恐瓊樓玉宇 高處不勝寒)"라는 말이 나온다.
50) 사립문 : 원문은 '봉문(蓬門)'으로, 오두막의 사립문을 뜻하는 봉문필호(蓬門蓽戶)의 준말이다.

始涼

一夜虛堂秋氣生　藥欄徒倚病魂驚
天高玉宇崢嶸處　木落金風蕭瑟聲
積雨已能排老暑　倦毫將欲賦新涼
終朝客散蓬門靜　惟有寒蟬高樹鳴

단구[51]로 가던 중에 시를 짓다

강물 속에 솟구친 물결은 허공을 밀칠 기세요
언덕 위 모래가 날리며 먼 산이 희미해라.
가을 해도 빛을 잃고 바람은 매서워지려는데
나루터[52]의 길 가는 이여, 저 혼자 힘겨웁구나.

丹邱道中作

江中起浪排空勢 岸上沙飛迷遠山
寒日無光風要急 渡頭行色自艱關

---

51) 단구(丹邱) : 경상남도 진주시 대곡면에 속하는 법정리. 지금은 폐교된 단목초등학교의 옛터가 단구정이 있었던 곳이라고 한다. 그렇기에 단구는 법정리일 것으로 추정된다. 조선 전기에는 진주목 단지동(丹池洞)이었으며, 1914년 행정 구역 개편 때 단목리라 해서 대곡면에 편입되어 단목·지내·신흥 마을을 아우르고 있다.
52) 나루터 : 원문은 '도두(渡頭)'로 나루, 즉 강가나 냇가 또는 좁은 바닷목의 배가 건너다니는 일정한 곳을 의미한다.

대각동53)으로 이주한 성경묵사안이 찾아와서

낙엽 지는 산촌에 돌아와 병으로 누웠나니
오늘로 이태째 좋이 서로 맞아 주노라.
글을 논하고 술 먹으며 참으로 일은 한가할사
그저 서로 바라보매 싫은 마음 들지 않네.

移住大覺洞成景默師顔來訪
搖落山村歸臥病 兩年今日好相迎
論文把酒渾閒事 惟有相看不厭情

---

53) 대각동(大覺洞) : 경상남도 진주시 수곡면 사곡리에 대각 서원이 있다. 대각동은 진주 수곡면 사곡리의 옛 지명으로 추측된다.

유백삼태환이 보내 준 시에 받들어 화운하다 2수

제1수

옛사람의 밝은 가르침을 방책으로 배웠나니
본분을 공부함에 이름은 쓰지 않는다오.
한 번 보고 그대가 능히 뜻이 있음을 알았나니
부디 사문(斯文)의 일에 더욱 마음을 쏟으시게.

제2수

궁벽하게 지내며 일을 품을사, 의지할 곳 없어 괴롭지만
다행히 귀한 벗이 나를 좋아해서 이름을 알고 있었네.
뒷날 낙수 북쪽으로 그대 돌아가고 난 뒤에
혹여라도 겨울밤 같이 누웠던 마음을 기억해 주시길.

奉和柳伯三台煥見贈二首

其一首

古人明訓聞方策　本分工夫不用名
一見知君能有意　幸於斯事更加情

其二首

窮居懷事苦無賴 幸得尊朋喜識名
佗時洛北君歸後 儻記寒宵連枕情

유잠가댱를 통곡하다 2수

제1수
평상시 우의는 형이니 아우니 경쟁했건만
이날 어찌하여 삶과 죽음으로 나뉘었는가?
한 번 통곡하며 중문에 들어서는데 넋은 끊어질 듯하니
가련타, 어드메서 다시 그대 같은 위의(威儀)를 보리오?

제2수
세상에 차마 그대 통곡하는 노래를 지으랴
두 눈 가득 처량하고 마음 곳곳 놀라도다.[54]
금빛 산도 어두침침하고 금빛 물도 목메나니
이제는 옛날 같은 우의(友誼)일랑 다시는 없을진저.

---

54) 놀라도다 : 원문의 '심곡(心曲)' 자체는 마음이라는 뜻이지만, '곡(曲)'의 의미를 더 살리고 실감 나게 표현하기 위해 "놀라도다"로 해석했다

哭柳潛可塘二首

其一首

平時情愛弟兄爭　此日胡然分死生
一哭中門魂欲斷　可憐何處更儀刑

其二首

人間忍作哭君行　滿目淒涼心曲驚
金嶽冥冥金水咽　如今無復舊時情

양여일주호의 〈송석재〉 시에 차운하다 4수

제1수

방장신산의 북쪽,
천 개의 봉우리 하나의 단을 옹위하도다.
소나무 그림자에 푸른 바람 소리가 일렁이고
바위 끝으로 그윽한 여울이 쏟아지네
관령을 받으신 곳 구름안개도 좋거니와
경영하는 형세일랑 반듯하구나.
부러워라, 그대는 일이 없는 곳에서
높이 누워서 몸이 편안하리라.

제2수

그윽이 산수에 뜻을 두어
집터를 점쳐 숲속 단상에 있구나.
먹빛이 짙게 산굴에서 나오고
하늘빛은 푸르게 여울로 방울지네.
금과 책은 물외(物外)를 넘어서고
말소리며 웃음은 구름 끝에서 들려오도다.
평탄한 길에서 곧고도 길함을 생각하며 고려하다[55]

유인은 이 편안함을 즐거워하리라.

제3수

거북을 구워[56] 오직 제자리를 얻었으니

무릎을 들이는 데[57]에 어이 단을 높이리오?

사물을 완상하며 구름 낀 길을 열고

마음을 맑게 해 하얀 여울을 보도다.

나는 솔개와 뛰는 물고기에[58] 모름지기 본체를 알지니

어질고 지혜로우려면[59] 사단을 찾아야 하리라.

---

55) 고려하다 : 항상 정도(正道)를 걷는 사람이니 아무리 힘든 유배 생활이라도 끄떡없이 잘 견딜 것이라는 말이다. 《주역》〈이괘(履卦)・구이(九二)〉에 "바른길을 밟으니 탄탄하다. 마음이 조용하고 안정된 사람이라야 바르고 곧으며 길하리라(履道坦坦 幽人貞吉)"라고 했다.

56) 거북을 구워 : 원문은 '작귀(灼龜)'다. 거북의 껍데기를 불에 그슬리거나 구워서 점을 치는 행위를 뜻한다.

57) 무릎을 들이는 데 : 원문은 '용슬(容膝)'. 무릎이나 간신히 넣는다는 뜻으로, 방이나 장소가 매우 비좁음을 말한다.

58) 나는 솔개와 뛰는 물고기에 : 원문은 '연어(鳶魚)'로 솔개와 물고기를 말한다. 《중용장구》에서 《시경》의 "솔개는 하늘 높이 날고 물고기는 못에서 뛰논다(鳶飛戾天 魚躍于淵) 했으니, 상하에 이치가 밝게 드러남을 말한 것이다"를 인용했다.

59) 어질고 지혜로우려면 : 원문은 '인지(仁智)'로, 산수를 통해 얻는 도

생각건대 여기에 수신의 뜻을 갈무리했나니
그저 편안하기만 살피기 위해서는 아니라오.

제4수

친구가 나를 찾아와 이야기하고
나를 위해 계단(雞壇)을 지어 주었네.[60]
이미 드러날사, 서로 탑상(榻床)에서 수작했고
함께 살아갈사, 같이 여울에 목욕했지.
언제나 이내 몸 한번 가려나
멀리 바라보노라니 마음은 천 갈래로다.

다. 《논어》〈옹야(雍也)〉에서 "지자(知者)는 물을 좋아하고 인자(仁者)는 산을 좋아하니, 지자는 동적(動的)이고 인자는 정적(靜的)이며 지자는 낙천적이고 인자는 장수한다"에서 유래했다.

60) 나를 위해 계단(雞壇)을 지어 주었네 : 《운부군옥(韻府群玉)》 권4에 "월나라 사람들이 친구를 사귈 때 단을 만들어서 흰 개와 붉은 닭으로 제사를 지내고, 맹세해 말하기를 '그대가 만약 수레를 타고 내가 삿갓을 쓰더라도, 뒷날 서로 만나면 수레에서 내려 읍을 하고, 내가 만일 걸어가고 그대가 말을 타더라도, 뒷날 서로 만나면 말에서 마땅히 내려야 하리'라 한다(越人每相交, 作壇, 祭以白犬丹雞, 盟曰, 卿若乘車我戴笠, 後日相逢下車揖, 我若步行君乘馬, 後日相逢馬當下)"라는 말이 나온다.

느꺼워져 그저 감정만 애틋하건만

묵은 병⁶¹⁾으로 오랫동안 편안치 않구나.

次梁汝一柱昊松石齋韻四首
其一首

方丈神山北　千峯護一壇
松陰動翠籟　石末瀉幽灘
管領雲煙好　經營面勢端
羨君無事處　高臥此身安

其二首

悠然山水志　考卜在林壇
黛色濃生岀　天光翠滴灘
琴書超物外　言笑自雲端
履道思貞吉　幽人樂此安

其三首

灼龜惟得所　容膝豈崇壇
翫物開雲逕　澄心見玉灘

---

61) 묵은 병 : 원문은 '침아(沉痾)'로, 지병, 고질병을 이른다.

鳶魚須識體　仁智要求端
念此藏修志　非徒爲審安

其四首

故人來我語　爲我作雞壇
已著相酬榻　兼存共浴灘
何時身一往　遙望意千端
感激徒情眷　沉疴久未安

금호강을 건너다

나귀 타고 푸른 계곡을 건너자니
산그림자가 물속의 하늘에 있네.
하얀 해오라기는 다시 날아 떠나더니
강마을 고기잡이 피리 소리 끝에 있어라.

渡金湖

騎驢渡碧澗 山影水中天
白鷺更飛去 江村漁笛邊

유잠가[62]의 고택을 찾다

사람에겐 삶과 죽음이 있는데
청산은 옛날도 지금도 없다네.
그대의 옛날 집을 찾았나니
적막할사, 나 마음 아프노라.

訪柳潛可故宅

人生有生死　靑山無古今
訪君前日宅　寥落自傷心

---

62) 유잠가(柳潛可) : 하우현은 본인이 세상을 떠나기 3년 전(1799), 유잠가가 지은 〈중용성명도〉에 〈추정유잠가중용성명도(追訂柳潛可中庸性命圖)〉를 지은 바 있다. 유잠가는 하우현의 지우였다.

봄날 고향집을 그리워하며

나, 강남의 고향집 그립나니
우울하고 초조해 마음이 편치 않네.
위로 백 길의 소나무 구름처럼 드리웠고
아래로 한 줄기 샘물이 시원히 쏟아지네.
지붕과 두세 서까래는 띠풀로 얹고
형문63)과 대나무 문은 서로 깨끗해라.
요사이 봄바람이 지경 가득 불어올사
서글피 동산을 바라보니, 그 어드메런가?
시냇가 구기며 국화는 정녕 자랐을 터이고
산 아래 뽕과 삼도 아마 통통하리라.
백발이 된 부모64)는 소요하며65) 골목에 기대어 있고66)

---

63) 형문(衡門) : 나무를 가로질러 만든 보잘것없는 문으로, 안분자족(安分自足)하는 은자(隱者)의 거처를 뜻한다. 《시경》〈형문(衡門)〉에 "형문의 아래에서 한가히 지낼 만하다(衡門之下 可以棲遲)"라고 했다.
64) 백발이 된 부모 : 원문은 '학발(鶴髮)'로 백발을 말한 것인데, 부모를 칭한 것이다.
65) 소요하며 : 원문은 '소요(逍遙)'로, 《장자》〈소요유〉에 "대붕이 남

조강지처[67]는 항아리 이고 우물물을 길으리라.
어린 자식 글을 읽으니, 그 소리 기쁠 만하고
작은 종놈 농사일로 분주하게 밭 갈 것이네.
청명(淸明)은 좋은 날이라 살구꽃이 피었고
집집마다 술이 익어 술동이에 붓는구나.
게다가 친한 벗 두세 사람이
시를 지어 내가 돌아와 같이하길 기다릴 것이건만.
어찌하여 나는 미적거리며 돌아가지 못하고
먼 절집에서 아스라이 이렇게 홀로 지내는가?
꽃잎 날고 새 우니, 시름겨운 이 어이할까나
구슬프게 산을 보니, 그 산에 해가 뉘엿해라.

명, 즉 천지를 향해 날아갈 적에 삼천 리에 걸쳐 바다 물결을 치고 앞으로 나아가다가, 때마침 불어오는 회오리바람을 타고서 구만리 위로 날아오른다"라는 이야기가 나온다.
66) 기대어 있고 : 원문은 '의려(倚閭)'로 부모가 여문(閭門)에 의지해 자식을 기다림을 뜻한다.
67) 조강지처 : 원문은 '형처(荊妻)'. 후한 양홍(梁鴻)의 아내 맹광(孟光)이 가시나무로 만든 비녀[荊釵]를 꽂고, 거친 베로 지은 치마를 입었다는 말로, 가난한 집 부녀라는 뜻이다. 자기 아내의 겸칭으로도 쓰인다.

春日有懷故居

我思江南故宅居　鬱鬱悁悁心不舍
上有百丈雲松垂　下有一道寒泉瀉
作屋數椽茅爲覆　衡門竹扉相蕭灑
邇來春風吹滿地　悵望林園何處是
溪邊杞菊應自長　山下桑麻應自美
鶴髮逍遙倚閭巷　荊妻戴瓶汲井水
穉子讀書聲可喜　短僕課農奔耕務
清明佳節杏花開　家家酒熟甕頭注
復有親朋二三子　作詩待我歸相聚
我何淹留不自歸　遠寺迢迢此獨住
飛花啼鳥爭愁人　悵然看山山日暮

정취사[68]에서 김천유규성와 삼가 헤어지며 4수

제1수

험난하리라고 어찌 생각지 않으리오마는
나를 위해 그래도 몇 날을 허락하셨네.
느꺼워 무슨 마음이라 하겠소마는
문을 나서자 차마 헤어지지 못하겠네.

제2수

어제 산에 들어올 때를 떠올려 보니
하늘 가득히 눈보라가 내렸지.
오늘 아침, 어떠한지 물어보니
산골짝은 얼음 같은 샘물이 쏟아진다네.

---

68) 정취사 : 정취암(淨趣庵)이라고도 한다. 산청군 소재지에서 동남 방향 약10킬로미터에 위치한 대성산(大聖山, 일명 둔철산)의 기암절벽 사이에 자리하고 있다. 1300여 년의 역사를 가진 전통 사찰로서 풍광이 빼어나 산청팔경으로 꼽힌다.

제3수

　외로운 종경 소리 구름 사이로 떨어지고
　길손은 문을 나서서 가는구나.
　아득할사 어드메로 향하는지
　내 마음 스스로 부여잡지 못하겠네.

제4수

　아스라할사 사람이 돌아간 곳이여
　어른어른[69] 산그림자에 시름하누나.
　이 순간 이렇게 헤어지는 마음으로
　어디 하나 쉴 수 있는 곳 없어라.

　淨趣寺奉別金天維奎成四首

　其一首

　險難寧不思　爲我猶數日
　感激作何情　出門不忍別

---

[69] 어른어른 : 원문은 '의의(依依)'. 약하게 하늘거리는 모양. 《시경》 〈소아·채미〉에 "지난날 내가 갔을 때, 버들이 파릇파릇 하늘거리더니(昔我往矣楊柳依依)"라고 했다.

其二首

憶昨入山時　滿天風雪下
今朝問何如　澗壑冰泉瀉

其三首

孤磬雲間落　客子出門之
渺渺向何處　予心難自持

其四首

漠漠人歸處　依依山影愁
此時此別意　無地可能休

유상동. 정명도의 운을 쓰다 2수 병서

　　무오년 초봄, 나는 단구(丹丘)의 정취사(淨趣寺)에 우거하고 있었다. 매양 울적해져도 누구 하나 말할 이가 없었다. 하루는 이도경 군이 고맙게도 머물렀는데 아주 즐거웠다. 도경이 떠나가면서 나에게 말하기를, "이번 걸음에 유상동이란 곳이 있습니다. 자못 기이한 승경은 즐길 만합니다. 오늘 정녕 이곳을 찾아가렵니다"라고 했다. 나는 비구에게 도시락을 싸도록 한 뒤 그를 따라갔다. 10여 리를 가 보니 과연 이른바 유상동이란 곳이 있었다. 경계가 아주 그윽이 열려 있고 하얀 너럭바위가 펼쳐져 있었다. 수차례 길을 꺾어 들며 가노라니 종종 물이 굽이돌아 술잔을 띄울 만했다. 대개 유상이란 이름을 얻은 것이 이유가 있었다. 내친김에 물을 거슬러 올라가며 읊조렸고, 그러기를 한참 한 뒤에 시를 지어 이별했다.

제1수

　　선원을 찾아 동중천[70]에 이르렀나니
　　삼면이 구름 낀 산으로 작은 계곡을 에워쌌어라.

어찌하면 이 사이 집 하나 짓고
자네와 같이 지내면서 내 삶을 보내려나?

제2수

맑은 강물에 하얀 바위, 아득히 솟은 곳은 없고
날이 다 가도록 서성이다 저 혼자 돌아가지 못하노라.
산신령에게 나그네의 뒷날 약속을 남겨 두나니
개의치 말고 우리에게 다시 찾아오라고 허락하소서.

流觴洞用明道韻二首幷序

歲戊午孟春余寓丹丘之淨趣寺每抑鬱無誰語一日李君道經惠然留止數日甚相樂也旣道經行而語余曰此去有流觴洞頗奇勝可翫今當過此云余遂命一衲子裹飯隨之行十餘里果有所謂流觴洞者境甚窈廓白石盤陀累折焉往往曲水可傳觴蓋得名有以也因沿洄嘯咏久之爲詩以別

其一首

仙源尋到洞中天 三面雲山遶小川

---

70) 동중천(洞中天) : 신선이 산다고 하는 명산(名山) 승경(勝景)을 말한다.

安得此間成一屋　共君棲息送吾年

其二首

清川白石迥無埃　盡日盤旋不自回
留遣山靈客後約　不妨吾輩許重來

봄빛

봄빛 적적할사 저녁 산은 비었는데
졸다 일어나 문을 열고 혼자 공손히 앉노라.
전날 우연히도 구름이 골짝을 나서더니만
오늘 아침 다시 학이 소나무에 깃들인 듯하네.
책을 잘 정돈해 두니 때때로 읽을 만하고
지경(地境)은 아주 외져서 같이할 손님 적을시고.
외로운 종소리도 끊어지고 말도 하지 않은 지 오래러니
이 몸을 참선에 들게 할까 저어하노라.

春暉

春暉寂寂晚山空　睡起開門獨坐恭
前日偶如雲出壑　今朝還似鶴棲松
書能整頓堪時閱　境極透迤少客從
聽斷孤鍾無語久　恐敎身世入禪宗

한밤에 앉아서

촛불 하나 켜 둔 선창(禪牕)에 때마침 밤은 고요한데
종소리 한 번 일어나자 졸던 넋이 깜짝 놀라노라.
평생 품은 뜻은 산악과 같은데
어드메서 공력을 모아 성현같이 되리오?
예부터 조심스레 사는 것71)은 쉬운 일은 아니요
우리 집안이 지내 온 세월이 진짜 요결이네.
때때로 정돈해72) 놓아두지73) 않나니

---

71) 조심스레 사는 것 : 원문은 '빙연(冰淵)'. 《시경》〈소아·소민〉에 "두려워하고 조심해, 깊은 못에 임하듯, 얇은 얼음을 밟듯 하라(戰戰兢兢 如臨深淵 如履薄氷)"라고 했다.
72) 정돈해 : 원문은 '정돈(整頓)'. 마음을 정돈해, 잃거나 놓지 않는 것, 이것으로 자신의 스승을 삼아 다독인다는 뜻으로 여기서 정돈은 마음을 잘 단속하고 정리하는 것으로 추측할 수 있다.
73) 놓아두지 : 원문은 '무방(無放)'. 《맹자》〈고자·상〉에서 맹자가 "인(仁)은 사람의 마음이요, 의(義)는 사람의 길이다(仁人心也 義人路也)"라고 전제하고는 "학문의 도는 다른 것이 아니라 방심을 구하는 것일 뿐이다(學問之道無他求其放心而已矣)"라고 말한 대목을 참조할 수 있다.

마치 엄한 스승과 엄정히 마주한 듯하네.

夜坐

孤燭禪牕時夜靜　鍾聲一起睡驚魂
平生有志如山嶽　何地收功作聖賢
從古冰淵非易事　吾家日月是眞詮
時來整頓無相放　如得嚴師對儼然

삼월 초하루

이월이 홀연히 지나고 삼월이 찾아오니
봄날의 소식(消息)74)이 이에 빨라지도다.
꽃은 어느새 읍성 동쪽 나무에 모두 졌으니
향기로운 풀들이 물가 북쪽 굽이에 자라리라.
외로운 나그네 채 돌아가기도 전에 시절은 쉬이 바뀌고
새 시를 지으려 하나 얽어내기 어려워 아쉬울시고.
종일토록 텅 빈 집에서 오궤(烏几)에 기대니
봄바람은 예전대로요 제비가 돌아오놋다.

三月一日

二月忽經三月來　一春消息此相催
落花已盡城東樹　芳草將生水北隈
孤客未歸時易改　新詩欲作恨難裁
空堂盡日凭烏几　依舊東風燕子回

---

74) 소식(消息) : 생명이 태어났다가 잦아지는 것. 일종의 순환으로서 여기서는 봄이 시작되었다가 다시 사그러지는 것을 두고 말한 것이다.

이도경에게 주며 헤어지다

지난밤 산중에 하얀 구름 피어오르더니
무심히 내게 삼가면서 단구(丹丘)로 왔지.
단구의 산 위에 절 하나 있는데
신암의 석실에 빛이 어릿어릿하도다.
자네와 만나서 이 안에서 같이 지낼사
말 하나에 마음 맞아, 그 정은 도타웠지.
그대의 집은 어디런가, 강의 상류일 터
곳곳마다 울창하게 소나무며 계수나무 그윽하리.
언젠가 귀거래해 형문(衡門)을 열고
벗님네와 장차 같이 놀고 싶어라.

贈別李道經

昨夜山中起白雲　無心謹我來丹邱
丹邱山上有孤寺　神巖石室光浮浮
與君邂逅此中同　一言相合情綢繆
君家何在江之上　處處鬱鬱松桂幽
佗時歸去衡門開　故人且欲從之遊

신 승지상권에게 삼가 드리다

쓸모없어 산의 상수리나무와 같고[75]
무지해 옷 입은 말[76]이 가까이 있음을 알지 못했네.
시절이 위태로울사 지붕을 쳐다볼 뿐이요[77]

---

75) 쓸모없어… 같고(山櫟) : 재능이 없음을 재목이 못 되는 나무에 비긴 것으로, 자신에 대한 겸사다. 《장자》〈인간세〉에 장석(匠石)이라는 목수가 제(齊)나라에 갔다가 매우 우람한 상수리나무를 보았는데 거들떠보지도 않고 말하기를 "쓸모없는 나무다. 이 나무로 배를 만들면 가라앉고 관곽(棺槨)을 만들면 속히 썩고 기물(器物)을 만들면 속히 부서지고 문호(門戶)를 만들면 진액이 나오고 기둥을 만들면 좀먹는다. 이는 재목이 못 되는 나무라 쓸모가 없다(散木也 以爲舟則沈 以爲棺槨則速腐 以爲器則速毀 以爲門戶則液樠 以爲柱則蠹 是不材之木也 無所可用)"라고 했다.
76) 옷 입은 말 : 원문은 '마거(馬裾)'로, 《한창려집(韓昌黎集)》 권6의 〈한유의 아들인 부(符)가 성남에서 독서하다(符讀書城南)〉에서 "사람이 배워서 고금을 통하지 못하면, 마소가 사람 옷 입은 것과 같다"라고 했다.
77) 지붕을 쳐다볼 뿐이요 : 원문은 '앙옥(仰屋)'으로, 송나라 소형(蘇泂)의 시에 "지붕 쳐다보니 일은 끝이 없나니, 아직 때를 만나지 못함을 마음 달게 여기노라(仰屋无窮事, 甘心未遇时)"라고 했다. 즉, 때를 만나지 못한 채 살아가는 모습을 표현했다.

길이 험해 수레 나아가지 못함을 탄식하네.
고요히 거문고와 책을 벗 삼고
한가로이 물과 대숲 사이 오막을 찾노라.
당신을 만날 날은 또 언제런가
말없이 흐르는 세월을 꼽아 보네.

奉呈申承旨尙權

不中如山櫟　無知近馬裾
時危堪仰屋　途險歎停車
靜得琴書伴　閒尋水竹廬
嗣音復何日　默默筭居諸

무제 2수

제1수
    기질을 고치려 해도 어렵고
    공부는 끊어지기 쉽구나.
    이 두 가지를 장차 어이할까
    선현은 입지하라 경계했지.

제2수
    신명은 머무는 곳이 있다 했나니
    사물됨은 참으로 허령하다네.
    늘상 깨끗하게 치워 놓아야
    바야흐로 주인 된 깨침을 얻으리라.

無題二首

其一首

氣質矯揉難　工夫間斷易
二者將何爲　先賢戒立志

其二首

神明云有舍　爲物甚虛靈
常常灑掃去　方得主人惺

정취사와 헤어지며

한번 누웠던 봄날[三春]의 나그네를
메꽃은 아는지 모르는지.
오늘 아침 산을 나가면
어드메서 다시 머물까나?

別淨趣寺

一臥三春客　山花知未知
今朝出山去　何處更棲遲

다시 율시 한 수로 속마음을 보이다

오래였네, 내 더딘 걸음이여
세상의 형세는 달로 옮겨 가나니.
오늘 가는 길에 꽃 피고 꾀꼬리 울지만
예전 왔을 때에는 눈보라가 쳤지.
나그네의 아쉬움을 시로 다하지 못하리니
봄날 회포인들 꿈조차 다가가려나?
고개 돌려 바라본 청산에는
그저 무성한 방초뿐이로다.

復以一律遣懷

久矣吾行遲　人間勢月移
鶯花今去路　風雪昔來時
客恨詩難盡　春懷夢幾垂
青山回首見　芳草只離離

이사한 뒤에 읊다

내 신세는 유유할사, 되는대로 지내다가
느지막이 세낸 밭 구석에 머물게 되었네.
푸른 남기(嵐氣)[78]가 문 앞에 마주하니 볼 때마다 좋고
책일랑 사람이 있는 곳 따라 남겨 두었지.
모든 일은 구름 같거니 어이 말할 만하리오
삼 년을 병을 누웠자니 시름을 견디지 못할레라.
새집은 아직 낯설어 돌아가고 싶은 마음 불쑥불쑥
실컷 꽃과 꾀꼬리를 보았는데, 그 시절이 다시 오놋다.

移寓後有吟

身世悠悠任自投　晚來棲息客田郵
青嵐當戶看時好　黃卷隨人在處留
萬事如雲何足說　三年臥病不勝愁
新居未熟歸心動　厭見鶯花節又遒

---

78) 남기(嵐氣) : 산속에 생기는 아지랑이 같은 기운을 의미한다.

저녁 흥취

술자리가 끝난 빈 당에 산에 걸린 석양은 긴데
각건 쓰고 이따금 다시 취해 평상에 기대노라.
거미는 진한 먹물 스치며 줄을 촉촉하게 적시고
벌은 잦아진 꽃을 이끌어 자리를 향기롭게 붙이네.
시상은 곧장 일 없는 데서 좋아지고
물정이 도리어 마음 지님에 방해되지.
기쁘게 봄옷을 차리고 동자와 관자를 부르니
제법 그해 기수에서의 미친 흥이 기억나누나.

晩興

罷酒空堂山日長　角巾時復醉憑床
蛛侵濃墨沾絲濕　蜂引殘花襯席香
詩況便從無事好　物情還到有心妨
喜成春服招童冠　頗憶當年沂上狂

육방옹의 〈복거〉 시를 읽다가 문득 그 운에 차운하다 2수

제1수

어이 굳이 요행 바라며 험난한 세상 다니랴
애오라지 이 한 몸 편안하고 한가롭고자 하네.
오랜 병을 요양하느라 여전히 문을 닫아걸었고
새로운 거처에 의지하자니 다시 산을 곁 했어라.
물 가까이 장성한 버드나무는 실가지가 가늘가늘하고
숲 너머 떨어진 꽃들은 빗물에 얼룩얼룩해라.
듣자니, 앞마을에 새 술이 익었다 하니
이웃 노인과 약속해 때때로 마시고 돌아오리라.

제2수

바야흐로 세상에서 살아가는 길 어려운 줄 알겠으니
정녕 이 신세 한가롭지 않음으로 말미암으리라.
흡사 말라붙은 궤적(軌跡) 속 물고기처럼 부질없이 물을 그리워하고
마치 둥지를 떠난 학처럼 다시 산을 바라보누나.
나그네 되어 몇 번이나 소갈병에 시름했던가

언제라야 부모님 앞에서 색동옷으로 춤을 출까나?
이리저리 배회하다 다시 저무는 봄빛을 보고는
낙화에 우는 꾀꼬리에 미처 돌아가지 못하노라.

讀陸放翁卜居韻 輒次其韻二首

其一首

微幸何須行險難　一身聊自就安閒
養來舊疾仍關戶　借向新僑更傍山
近水柳長絲細細　隔林花落雨斑斑
前村聞道釀新酒　約與隣翁時飲還

其二首

方識人間行路難　正緣身世不容閒
似魚投涸空思水　如鶴離巢更望山
爲客幾時愁病渴　趨庭何日舞衣斑
徘徊又見春光暮　花落鶯啼猶未還

오래된 병

지루하게 앓아 온 병, 언제나 나으려나
신음하며 보낸 세월 오래됨을 괴로이 깨닫네.
구슬플사 올해 다시 병든 나그네가 되었거니와
다시 어떤 약을 구해 새로운 처방을 시험할까?

久病

支離一疾何時已　苦覺呻吟歲月長
怊悵今年又病客　復求何藥試新方

유거 2수

제1수
　대숲 향을 맡으니 마음이 모두 상쾌하고
　산을 바라보니 뜻이 더욱 그윽할시고.
　한가로워 일 없는 날 많으니
　멈춤을 알고[79] 즐거워 배고픔도 잊었네.

제2수
　세상사 온통 꿈만 같나니
　사립문은 낮에도 열리지 않도다.
　방 안에서 한가로이 세월을 보내나니
　산 밖은 먼지바람에 어지러워라.

---

79) 멈춤을 알고 : 원문은 '지지(知止)'로, 《대학장구》 경 1장에 "그칠 줄 알게 된 뒤에야 뜻이 정해지고, 뜻이 정해진 뒤에야 마음이 고요해지고, 마음이 고요해진 뒤에야 외물에 동요되지 않을 수 있다(知止而後有定 定而後能靜 靜而後能安)"라고 했다.

幽居二首

其一首

聞竹心渾爽　看山意轉幽
閒來多暇日　知止樂忘飢

其二首

世事渾如夢　柴扉晝不開
室中閒日月　山外亂風塵

병중에 의원 송경룡에게 화답하다 2수

제1수
　혼자 깨었나니 지금의 굴원이요
　병이 많을손, 옛날의 사마상여라.
　매양 느껍나니, 나 신음할 때면
　오직 그대만이 다정했지요.

제2수
　시와 술의 명성을 들은 지 오래건만
　풍류 있는 모습 뵙기는 처음이라.
　서로 만나서 또 즐거웠거니와
　헤어질사 다시 소매를 붙드노라.[80]

---

80) 소매를 붙드노라 : 원문은 '견거(牽裾)'. 옷자락을 당긴다는 뜻으로, 헤어짐의 아쉬움을 의미한다.

病中和醫者宋景龍二首

其一首

獨醒今屈平　多病古長卿
每感呻吟際　惟君獨有情

其二首

詩酒聞名久　風流見面初
相逢還作樂　臨別更牽裾

임장주익의 만사

내 걸음의 스승이여, 지난날을 떠올리나니
당신이 남긴 푯대가 의연히 보이네요.
어이 선업을 지녀도 녹봉이 없을 줄 알았으랴
길이 고을 사람더러 눈물 줄줄 흘리게 하는구나.

挽林丈柱翊

考德吾行憶往年　前人餘範見依然
寧知有善還無祿　長使鄕邦涕泣漣

구암 서원 대관대[81]에서 감회가 있어 2수

제1수
하룻밤 묵어 재계하고 동틀 무렵 대에 오르나니
바다 하늘 공활한데 시름겨운 구름이 돌아오네.
선배가 강학하던 곳을 찾아온 것이러니
어이 강산을 바라보러 온 것이겠는가?

제2수
도옹[82]은 어느 날에 이곳으로 오셨더뇨?
벽에 남긴 글씨, 바라보니 아직도 남아 있네.

---

81) 구암 서원 대관대 : 원문은 '구암대관대(龜巖大觀臺)'다. '구암'은 이정(李楨, 1512~1571)의 호다. 그의 본관은 사천(泗川), 자는 강이(剛而)다. 1536년(중종 31) 별시에 장원해, 좌승지, 대사간, 호조참의, 경주부윤, 순천부사 등을 지냈다. 저서에 《구암집(龜巖集)》이 있다. '구암 서원'은 그를 기리는 서원이다. '대관대'는 경남 사천 만죽산(萬竹山) 아래에 있다. 구암이 이곳에서 독서하며 아침저녁으로 고요히 앉아 만물의 이치를 살폈다고 해서 '정관(靜觀)'이라 명명했는데, 퇴계 이황이 '대관(大觀)'으로 개명했다.

82) 도옹(陶翁) : 퇴계 이황을 가리킨다.

강산은 이백 년 뒤에도 그대로러니
난간 하나에 기댈사 시름 견디지 못할레라.

龜巖大觀臺有感二首

其一首

夜宿淸齋曉上臺　海天遙豁愁雲回
求觀先輩藏修地　豈爲江山憑眺來

其二首

陶翁何日此來遊　壁上遺書看尙留
江山二百餘年後　來倚孤欄不耐愁

가을날, 우연히 시를 지어 애오라지 나를 위로하다

궁벽한 시골, 어젯밤 몹시도 무더웠는데
가을빛이 갑자기[83] 서리 내릴 태세로다.
수풀 사이로 차츰 매미 소리 적어지더니만
창밖으로 오래지 않아 제비 울음 드문드문 들리네.
세월을 구차하게 보냄도 못 견디겠거니와
어이 인사가 쉬이 주저하게 됨을 감당하리오?
다소곳이 앉아 온갖 궁리 한들 허전함을 어이하랴
홀로 남은 시를 쓰고 석양빛을 마주하노라.

秋日偶賦一詩聊以自慰

昨夜窮村炎暑苦 遽然秋色欲霜威
樹間漸見蟬聲少 窓外尋敎鷰語稀
不耐光陰多玩愒 豈勝人事易依違
端居百慮爭寥落 獨寫殘篇對夕暉

---

83) 갑자기 : 원문은 '거연(遽然)'. 깊이 생각할 겨를도 없이 또는 별안간이란 뜻이다.

친구에게 차운하다 2수

제1수

자신을 반성해 참되면 그대로 충분하니
어이 이 뜻을 남이 알기를 원하리오?
혹여 비도(非道)인 것은 모두 무관(無關)한 일이라
예나 제나 영웅은 모두 한때라네.

제2수

만물의 이치가 삼연히 모두 나에게 있나니
만일 닦고 살피려면 반드시 문을 통해야지.
예부터 똑똑하며 현달한 이는 이제 없나니
적막할사 고회(孤懷)를 누구와 의논하랴?

次友人韻二首

其一首

反身誠之自爲足　寧將斯志願人知
有如非道皆閒事　今古英雄盡一時

其二首

萬里森然摠在我　如將修察必由門
古來賢達今無在　寂寞孤懷孰與論

환아정84) 오덕계85) 선생의 시에 차운하다

천 겹의 산그림자는 그림 속에 뒤집혀 있고
한 줄기 호수 빛이 거울 속에 밝을시고.
객으로 찾아와 다시 서릿발 시절 만나니
활달해질사 더욱 객지의 마음을 달랠 만하구나.

換鵝亭次吳德溪先生韻

山影千重畫裏倒 湖光一帶鏡中明
客來更値冰霜節 磊落尤宜屬遠情

---

84) 환아정(換鵝亭) : 경상남도 산청군 산청리에 있었던 정자. 1395년 산청현감인 심인(沈潾)이 산음현의 객사 서쪽에 건립했다. 환아정이라는 정자의 이름은 권반(權攀)이 중국 왕희지의 고사를 인용해 작명했고 글씨는 당대 최고의 명필로 알려진 한석봉(韓石奉)이 썼다
85) 오덕계(吳德溪) : 오건(吳健, 1521~1574)으로, 본관은 함양(咸陽), 자는 자강(子强), 호는 덕계다. 조식이 덕산동(德山洞)에서 강론했을 때 문인으로 수학했으며, 이황도 그의 학문이 정밀하고 심오함을 칭찬했다. 정언, 교리, 이조 좌랑 등을 역임했다. 서계 서원(西溪書院)에 제향되었다. 저서로《덕계문집》이 있다.

봄날 저녁

날 저물녘 소나무 심은 대(臺)에 비가 개이고
이 몸 하나 일도 없어 가서 어정대노라.
어이 예쁜 새가 높은 나무에서 울고 있는 것을 견디랴
정히 꽃은 나부끼다 푸른 이끼에 붙어 있구나.

春晚

晚日松臺天雨開　一身無事往徘徊
那堪好鳥啼高樹　正有飛花著綠苔

8월 14일, 꿈에 유잠가(柳潛可)의 편지를 받았는데, 다시 잠가도 보였네

그윽이도 구름 낀 산을 십 리 길 찾아가노라니
간곡한 편지 하나에 마음을 남겨 두었구나.
펼쳐서 다 읽지 못한 채 서쪽으로 자리를 옮기니
기쁘게도 아름다운 모습을 모실사, 말씨도 더욱 맑을시고.

八月十四日夢得柳潛可書又見潛可
幽夐雲山十里程　丁寧一札爲留情
披吟未盡西棲席　喜奉令儀話更淸

심운암에서 묵고 장차 삼산으로 갈 것이라, 한문칙_{계창}과 성경묵에게 고마워하다

깊은 골짝에서 이렇게 헤어지나니
나를 보내며 세상 험난하리라 시름해 주네.
날 밝으면 나는 어디에 있을까나
서로 바라볼사, 그대는 만 산 너머 있으리.

宿心雲菴將向三山謝韓文則_{啓昌}成景默

窮谷此爲別　送我愁險艱
明日我何在　相望君萬山

세심정에서 양이겸형달의 시에 차운하다 3수

제1수
선생께서 가신 뒤의 땅이라
골짝에서 서릿가을 소리 나누나.
우연히 이곳에 이르렀는데
상쾌할사, 오늘 밤은 맑구려.

제2수
고요함 속의 뜻을 힘쓸지니
오직 만종의 녹을 가벼워해야지.
높이 읊조리며 먼 날빛 보내는데
난간 앞의 봉우리가 무수해라.

제3수
나, 술을 그대에게 마시도록 권하나니
그대, 시에 아름다운 구절이 빈번하도다.
다시 가엾을손, 서로 마주한 이곳에
예전의 달빛이 지금의 사람을 비추놋다.

洗心亭和梁而𥠇亨達韻 三首
其一首

先生去後地　洞壑霜秋聲
邂逅此中到　爽然今夜情

其二首

辦得靜中意　直要輕萬鍾
高吟送遐眺　無數檻前峯

其三首

我酒勸之飲　君詩佳句頻
還憐相對處　古月照今人

청암 혈암[86]. 이생의 시에 차운하다

나의 걸음 뜻밖에도 이곳에 이르니
실은 구름 낀 산 사이에 있구나.
우연히 만나 시를 지어 주노라니
신선 바람이 소맷자락에 불어오는구나.

青巖穴巖次李生韻

我行偶到此 石室雲山間
邂逅作詩贈 仙風吹袖間

---

86) 청암 혈암 : '청암(淸巖)'은 지금 하동군 청암면으로 조선 시대에는 진주목에 속했다. 하우현의 선조였던 하수일(河受一, 1553~1612)은 임진왜란 때에 집안사람을 거느리고 이곳의 동굴로 피신한 적이 있었다. '혈암(穴巖)'은 그곳을 말하는 듯하다.

다시 짓다 2수

제1수
강물 한 줄기 에돌며 서쪽에서 다시 동쪽으로 흐르고
위태로운 봉우리 높게 벼랑 양쪽 사이에[87] 끼어 있도다.
오늘에야 정히 봄날[三春]의 승경을 얻었나니
절벽 오르고 숲을 깨치니 울긋불긋해라.

제2수
비단 바위[88]며 무늬진 벼랑에 자주 앉아서
꽃 꺾어 강물에 던지며 소용도는 물살 보노라.
계산(溪山)이 어이 노니는 사람의 얼굴을 알리오마는

---

87) 벼랑 양쪽 사이에 : 원문은 '양애(兩崖)'. 소식(蘇軾)의 《소동파시집(蘇東坡詩集)》 권30에 "다만 보이는 것은 두 벼랑 희부옇고 끊긴 계곡 어두운데, 그 속에 백 갈래로 폭포수가 날리는 것. 숲을 휘감고 바위를 감싸며 보였다 안 보였다 하다가, 아래로 곡구에 나아가서는 달리는 냇물이 되었다오(但見兩崖蒼蒼暗絶谷 中有百道飛來泉 縈林絡石隱復見 下赴谷口爲奔川)"라는 시구를 발췌한 것이다.
88) 비단 바위 : 원문은 '금석(錦石)'. 아름다운 꽃무늬가 있는 바위를 말한다.

나는 계산을 좋아해 스스로 돌아가지 않노매라.

重賦二首
其一首
一水盤回西復東　危峯高揷兩崖同
今來正得三春勝　攀壁穿林綠暎紅

其二首
錦石斑崖頻坐來　折花投水見濚洄
溪山豈識遊人面　我愛溪山自不回

허장학을 추모하며

집안 대대로 우리 마을에 이름났고
청빈을 홀로 간직했지.
선인께서 유독 후덕하셨으니
소자가 감히 사은을 잊겠는가?
금악의 새로운 거처는 썰렁하고
남전의 옛집은 서러워라.
이제는 모든 일이 그쳤으니
어이 차마 추모사를 쓰리오?

挽許丈郝

家世名吾黨　清貧獨自持
先人偏有厚　小子敢忘私
金嶽新居冷　藍田古宅悲
如今休萬事　何忍寫哀辭

한가로운 가운데 마음대로 읊다 5수

제1수

　나 태어난 지 서른 해러니
　반 묘의 땅에 오막집 하나라오.
　뜨락에 매화나무 심겨 있고
　문 앞에 소나무, 대나무 숲이지.
　책을 두고 날마다 읽고
　술을 두어 남과 잔질하네.
　즐거운 일, 이 안에 있으니
　어찌 가난하고 병든다 말하리오?

제2수

　세상사를 경륜하기는 적거니와
　이 몸 한가로움에 지내노라.
　동서로 세 갈래 길89)에 달빛 나리고

---

89) 세 갈래 길 : 원문은 '삼경(三徑)'으로, 도잠의 〈귀거래사(歸去來辭)〉에 "세 개의 오솔길은 거칠어져 간다마는, 솔과 국화는 그래도 여전히 있네(三徑就荒 松菊猶存)"라는 말이 나온다.

좌우에는 만 겹으로 산이 둘렀다오.
누웠다 우러르니 그대로 아침저녁이요
서로 이웃 부르며 때때로 오가노라.
새가 날고 꽃이 흩날리는 곳이어니
종일토록 형문은 닫혀 있다네.

제3수

창에 기대어 그예 뜻 가는 대로 있자니[90]
일 없이 한가롭게 지내는 마음뿐이네.
세상에 대해 무언가 찾는 마음 적고
이를 따라 이욕과 명예도 맡겼노라.
차를 달여 아픈 나그네에 이받고
기장밥 지어 봄갈이하는 사람 먹이네.
양덕(養德)일랑, 나 어이 감당하리오
오직 이 삶을 즐길 뿐이라네.

---

90) 그예 뜻 가는 대로 있자니 : 원문은 '기오(寄傲)'로, 도잠의 〈귀거래사〉에 "남창에 기대어 오연(傲然)히 즐거워하니, 무릎이나 들어갈 작은 집이 편안하기 쉬움을 알겠노라(倚南窓以寄傲 審容膝之易安)"라는 구절이 있다.

제4수

  사는 방법일랑 한 바가지의 물[91]뿐이요
  반듯할사 밖을 추구하는 마음은 사라졌네.
  임원(林園)에 잡다한 일 없고
  묻고 답하는 일들 거의 어부요 나무꾼이라.
  게으르고 병든 날들 많다 하나
  시정(詩情)만은 자못 넉넉하다오.
  모를레라, 또 무엇을 원망하랴
  이로부터 효효(囂囂)[92]를 일삼으리라.

---

91) 한 바가지의 물 : 원문은 '일표음(一瓢飮)'으로, 안빈낙도(安貧樂道)의 생활을 가리킨다. 《논어》〈옹야〉에 "어질다, 안회(顔回)여. 한 그릇 밥과 한 표주박 물을 마시며 누항에 사는 것을 사람들은 근심하며 견뎌 내지 못하는데, 안회는 그 낙을 바꾸지 않으니, 어질도다, 안회여(賢哉 回也 一簞食一瓢飮在陋巷 人不堪其憂 回也 不改其樂 賢哉 回也)"라고 했다.

92) 효효(囂囂) : 자득해 욕심이 없는 모양. 《맹자》〈진심 상〉에서 "덕을 높이고 의를 즐거워하면 효효할 수 있다(尊德樂義 則可以囂囂矣)"라고 했고, 조기(趙岐)의 주에 "효효는 자득해 욕심이 없는 모습이다(囂囂, 自得無慾之貌)"라고 했다.

제5수

느릅과 팥배나무가 빈 마을 북쪽에 섰고
농사 이야기 속에 산에 걸린 해가 저무네.
꽃에 물을 댈 제 바람은 살랑대고
보리를 베노라니 이슬이 차가워라.
느지막이 비가 뽕과 삼에 내리는데
날아다니던 꾀꼬리는 수양버들에서 우노라.
이 순간, 마음으로 즐거워하노니
한가로이 읊조리다 꽃 핀 둑에 이르렀네.

閒中漫詠五首

其一首

我生三十載　半畝一茅菴
庭上梅花樹　門前松竹林
置書隨日讀　有酒與人斟
樂事此中在　何論貧病侵

其二首

世事經綸少　此身棲息閒
東西三徑月　左右萬重山
偃仰自朝暮　招呼時往還

鳥飛花散處 盡日荊門關

其三首

倚牕坐寄傲 無事閒居情
於世少求意 從佗付利名
煎茶供客病 炊黍餉春耕
養德吾何敢 惟能娛此生

其四首

生理一瓢飲 脩然外慕消
林園無雜沓 答問半漁樵
懶病雖多日 詩情頗自饒
不知亦何怨 從此事囂囂

其五首

枌杜空村北 農談山日西
遶花風嫋嫋 刈麥露淒淒
晚雨桑痲降 流鶯楊柳啼
此時心可樂 閒詠到芳堤

정장우익을 추모하며

듣자니, 자네가 서산에 묻힌다고
치마 가득히 나 차가운 눈물 흘리노라.
인생이란 흘러가는 강물과 같거니
한번 떠나면 다시 돌아오지 않지요.

挽鄭丈又益

聞子葬西山　滿裳余淚寒
人生如逝水　逝者不復還

졸다 일어나 빗소리 듣다

꽃과 대가 뜨락 두르며 어지럽고
책들이 방에 가득해 맑도다.
때때로 봄날 졸다가 깨어나니
가랑비가 발 사이로 소리 내도다.

睡起聞雨

花竹遍庭亂　圖書滿室淸
時時春睡覺　細雨入簾聲

때맞추어 내린 비

밭 가운데 콩도 심고
뜨락 앞에 약초도 심었네.
몇 달 비가 오지 않았는데도
신통한 뿌리는 차츰 튼튼한 듯하네.
어제 구름이 낮게 드리우더니만
때맞추어 비가 가랑가랑 내리네.
천공이 나의 뜻을 알았는지
비가 오니 서로 다듬이질하는 듯하네.[93]
살아 있는 놈을 이처럼 보노라니
병든 가운데 내 마음도 좋구나.
오늘 싱그러운 새벽에 일어나
밭을 서너 번 돌아보았네.
비가 내려 형체를 이룸[94]도 본디 때가 있나니

---

93) 서로 다듬이질하는 듯하네 : 원문 '상도(相檮)'의 '도(檮)'는 '도(擣)' 와 통가자(通假字)로 보아 '도(擣)'로 해석했다. 즉, 서로 다듬이질을 맞추어서 하듯이 천공과 나의 마음이 서로 잘 맞았다는 뜻이다.
94) 비가 내려 형체를 이룸 : 원문은 '유형(流形)'. 《주역》〈건괘 · 단전〉

삿된 마음 없이 인자하게 널리 비추도다.
느꺼워하며 이에 시를 읊조리니
어이 인생사를 말하겠느뇨?

時雨

田中種豆苗　庭前種藥草
數月雨不來　靈根漸欲槁
昨日雲垂地　時雨微微到
天公知我意　霈澤如相檮
生物看如此　病裏情亦好
今日淸晨起　巡圃三四造
流形固有時　無私仁自燾
感歎仍賦詩　豈爲生事道

에 나오는 말로 "구름이 가며 비가 내려서 온갖 물(物)이 형체를 이룬다"라고 했다.

봄날 혼자 지내다 2수

제1수
봄이 무르익자 꽃은 다투어 피는데
산이 그윽해 찾는 나그네 드물어라.
언제든 이 몸 고요하지 않은 적 없으니
밝은 덕, 그 밖에 다시 무엇을 바라리오?

제2수
들판 흐르는 강의 물고기 비 맞아 뛰놀고
산에 나는 풀은 봄기운 얻어 살졌네.
이 이치, 낳고 낳아[95] 좋으니
어이 주린 배 채울 수 있는지 논하리오?

---

95) 낳고 낳아 : 원문은 '생생(生生)'. 생생지덕(生生之德)이란 의미로 천지가 만물을 끊임없이 생성하는 이치를 말한다.

春日獨居二首

其一首

春重花開促　山深客到稀
無時身不靜　熙德更何希

其二首

野鱗逢雨躍　山苗得春肥
此理生生好　何論足供飢

이장 백회가 호계로 가는 것을 보내며 이별하는 마음을 써 주다

길이 막혀 자취 감추기를 몇 번이나 같이했더뇨
봄 든 성을 보노라니 낙화에 붉게 물들었네.
산새 울음 한 번에 남은 꿈은 깨었나니
호계로 돌아가는 나그네는 석양 속이리라.

送李丈伯晦往虎溪贈別

窮途淹迹幾時同　看到春城落晚紅
山鳥一聲殘夢覺　虎溪歸客夕陽中

여러 공과 같이 묵방사[96]에서 놀다가 헤어지게 되니 감회가 있다

아스라한 눈보라에도 나그네는 유유하나니
어이 구름 낀 산을 바라며 이별을 시름할까나?
서럽나니, 길이 막혀 홀로 가는 걸음이여
어드메서 다시 고개 돌려 볼는지 모르겠구나.

同諸公遊墨房寺臨別有懷

茫茫風雪客悠悠　爭向雲山作別愁
怊悵窮途行獨去　不知何處更回頭

---

96) 묵방사(墨房寺) : 경상남도 합천군 가회면 황매산(黃梅山)에 있는 사찰.

악옹[97] 허장(許丈)이 찾아 주심에 삼가 고마워하며

이곳에서 뵐 것을 한 번도 기대한 적 없거니
느꺼운 마음 저절로 드러남을 어이 참으리오?
애오라지 조만간 댁으로 돌아가시고 나면
찬찬히 아내[98] 마주해 이 마음 말하오리다.

奉謝嶽翁許丈(허장)枉訪

是處承顔曾匪望 那堪欣感自中呈
聊當早晚歸家去 細對荊君說此情

---

97) 악옹(嶽翁) : 장인을 말한다.
98) 아내 : 원문은 '형군(荊君)'으로, 다른 사람에게 자신의 아내를 낮추어 부르는 말이다. 주 65 참조.

악옹과 삼가 헤어지며

푸른 산 깊은 곳, 산을 나서며 떠나보내는데
눈은 당신의 수건을 적시고, 바람은 제 옷에 부네요.
서글플사, 먼짓길 가시는 곳 어디신지 묻자
구름 끝을 쳐다보며 차마 돌아가지 못하시네.

奉別嶽翁

靑山深處出山送　雪滴公巾風我衣
惆愴行塵問何地　雲端瞻望不能歸

처사 소춘암[99]응천의 시를 읽고 느낌이 있어서

자득해 도도했던 세상의 높은 사(士)로서니,
풍도와 기상은 그때 최고였다네.
성품은 본시 천석(泉石)을 사랑했던 것
방외를 떠돈 것은 아니라네.
나의 선대부와 같이
마음을 알아주며 함께 탈속했고.
언젠가 사명 고을에서
안개 노을의 경계에서 결사했지.
취하고 바라길 일찍이 달리하지 않은 채
서로 임하(林下)[100]의 무리가 되었구나.
백 년 사이에 영락하사

---

99) 소춘암 : 소응천(蘇應天, 1704~1760). 조선 후기의 문장가로, 호는 춘암(春庵)이고, 본관은 진주(晉州)다. 성격이 호탕해 벼슬에 뜻을 두지 않고 국내 명승지를 주유하며 음풍영월로 일생을 보냈다. 저서로 《춘암유고(春庵遺稿)》가 있다.
100) 임하(林下) : 세속을 떠나 전원이나 산림에서 사는 모습을 뜻한다.

나 태어나길 그에 미치지 못함을 슬퍼하노라.
매양 아득한 의표를 생각하거니와
시편에 감개하는 바가 더해지네.
이따금 주고받은 시를 보면
의젓할사 모두 오묘한 말이로다.
요컨대 세상의 맛을 박하게 여기니
아름다운 곳은 전인의 짝이네.
뉘 알리오, 산수(山水)는 그대로인 곳에
이런 사람이 지금 세상에는 없을 줄을.

讀蘇處士春菴應天詩有感

囂囂高世士　風氣當時蓋
性本愛泉石　不是遊方外
與我先大父　知心同脫灑
何時四明縣　結杜煙霞界
取舍不曾異　相爲林下輩
零落百年間　我生悲不逮
每念邈高標　詩篇增所慨
時看唱酬什　倏然皆妙話
要之薄世味　佳處前人配
誰知山水處　此人無今代

비 오는 가운데 매화꽃을 보며 느낌이 있어

나, 창 앞에 매화나무 한 그루 있어
해마다 꽃이 피면 창 앞에 마주하노라.
외로운 성근 가지며 묵은 줄기는
하얀 뺨에 옥골이 신선인가 의심했지.
뜨락 안에 꽃이며 풀들 많다 하지만
뭇 풀 가운데 너만이 지혜롭도다.
꽃 한 송이 갓 피어나 마치 마음 있는 듯
꽃술들 차츰차츰 앞서거니 뒤서거니.
이 순간 나도 모르게 깊은 숙병에 놀랐다가도
되레 억지로 읊조리며 너를 가엾어 하노라.
아침이 되면 창을 열고 홀로 앉아 보나니
만물에 느껴 다시 마음은 두근두근해지네.
올해와 작년 사이를 손꼽아 보니
그사이 꽃이 피고 짐은 어이 느닷없었는지.
한번 세월을 네게서 징험해 보니
강물처럼 속절없이 흐르는 세월, 감당치 못할레라.
이제 봄날[三春] 계절도 거의 반이 지났으니
이 뒤를 이어 얼마나 꽃은 또 스러지려나?

차츰차츰[101] 복사꽃 살구꽃 시절에 이르리니
뒤미처 생각하면, 오늘도 작년 오늘과 같구나.
매화여, 내가 너를 아끼는 뜻을 안다면
삼가 서둘러 꽃 피우지 말고, 훌쩍 날지도 말거라.

雨中見梅花有感

我有窓前一株梅　年年花發當牕前
孑然疎枝與老榦　冰腮玉骨疑神仙
園中花卉雖多有　衆卉之中惟汝賢
一花初生如有情　衆蕊稍稍相後先
此時不覺沉痾驚　猶强呻吟向汝憐
朝來拓窓獨坐見　感物還有心悁悁
屈指今年去年間　其間開落何忽然
試把光陰於汝驗　不堪悠悠如逝川
目今三春殆已半　繼此幾何花又遷
荏苒如至桃杏辰　追思今日如去年
梅花知余愛汝意　愼勿催開飛莫遄

---

101) 차츰차츰 : 원문은 '임염(荏苒)'으로, 차츰차츰 세월이 지나가며 사물이 점진적으로 변화함을 의미한다.

장맛비 탄식

장맛비여, 장맛비여
장맛비는 언제나 그치려나?
시골살이 생리에 가난하고 힘겨운 것
어리석은 백성의 원망일랑 진실로 이유가 있다네.
나 고질병을 안고 여러 날을 누웠자니
꿉꿉한 기운 몸에 저며 와 일어나지 못할까 시름하네.
차를 끓이고 조를 다려도 되레 차도도 없나니
날마다 문을 열고 하늘을 바라볼 뿐이라.
하늘을 바라봐도 비는 그치지 않아
속 깊은 한숨만 내쉴 뿐이라네.

久雨歎

久雨乎久雨乎　　久雨何時已
村居生理艱且苦　小民怨咨良有以
我抱漳痾臥多日　濕溽侵身愁不起
烹茶煎朮猶未救　日日開門仰天視
仰天視雨不絶　　喟然太息而已矣

이현경용엄이 대각 서원에서 글을 읽다가 때때로 달빛 아래 찾아왔다. 그 뜻이 느꺼울 만했다. 그가 돌아간 뒤에 이 시를 지어서 내 뜻을 부친다

지난밤 달빛 아래 걸음에 많이 느꺼웠나니
사립문에서 보낼사, 그 마음 금할 수 없었네.
아침 되자 자라난 먼 그리움[102]을 곱절로 알았나니
가만히 앞산을 마주해 빗소리에 시름겨워 하노매라.

李見卿龍儼讀書大覺書院有時乘月委訪其意可感旣歸賦此寄意

多感前宵乘月行 柴門相送不禁情
朝來倍覺增依黯 坐對前山愁雨聲

---

102) 먼 그리움 : 원문은 '의암(依黯)'으로, 멀리 떨어져 있는 사람에 대한 그리움을 뜻한다.

이현경에게 답하다 2수

제1수
저물녘 그대의 시가 비와 같이 이르렀나니

봉함을 뜯으니 상쾌한 기운이 세상 번뇌 씻어 주네.

은근히 다시 좋은 만남의 즐거움을 말하고

속마음 털어놓다 다시 농담하던 날에 이르는구나.

편지가 어이 병들어 고적한 나를 가엾어 한 게 아니리오마는

궁색한 살림살이에 정다운 친구 있음이 그 얼마나 다행인지.

종래로 사귀면서 사람을 가리지 않으니

서로 알고 지냄에 지금까지 몇 사람이나 되려나?

제2수
산비가 부스스 내리고 바람에 잎사귀 흔들리니

시는 곱절로 이뤄져 꿈속에서 넋조차 놀라노라.

이에 의지해 읊조리니 더욱 기운이 나는데

어인 연유로 헤어진 뒤 다시 소식을 전해 왔소?

참으로 경술로 가업을 삼음이 좋으니

어이 벼슬과 명리로 나를 얽으랴?
요사이 듣자니, 병든 가운데 이사하는 날이라
다시 마음이 몹시도 평안하지 않음을 깨닫노라.

答李見卿二首
其一首

晚日淸詩和雨至 開緘爽氣洗煩塵
慇懃更道招尋樂 傾倒還當笑語辰
垂訊豈非憐病寂 窮居何幸有情親
從來交契無關面 相識於今定幾人

其二首

山雨蕭蕭風葉動 詩成一倍夢魂驚
呻吟賴此增爲氣 離別何由更寄聲
經術固知家業好 軒裳安用利名嬰
病中聞近移棲日 還覺心懷苦未平

글을 보며 느낌이 있어

이욕을 없애자 기가 다듬어지고
곤궁한 거처 의당 굳세고 넉넉해지네.
도에 뜻을 두어 성취를 이루었으니 바야흐로 선비요
가난에 거처하며 즐거워하지 않으면 어이 영웅이리오?
문을 닫고 방심(放心)103)을 찾으며 진열104)을 생각하고
나물 먹고 경서를 궁구하며 계통을 말하노라.
오직 이 마음만이 때때로 빛이 나리니
사무치게 참된 공력 사용할 것 잊지 않으리.

---

103) 방심(放心) : 《맹자》〈고자〉에 "학문하는 방법은 다른 것이 없다. 그 방심을 찾는 것일 뿐이다(學問之道無他求其放心而已矣)"라고 했다. 놓아 버린 마음, 잃어버린 마음, 이욕에 가려진 마음을 뜻한다.
104) 진열(陳烈) : 중국 송(宋)나라 인종(仁宗) 때의 은사(隱士)로서 자는 계자(季慈), 호는 계보(季甫)다. 그는 복주(福州)의 교수(敎授)가 되었어도 녹을 받지 않았으며, 집안의 남은 곡식으로 가난한 사람을 구제했다. 《주자어류〈朱子語類〉》〈학(學) 독서법 하(讀書法下)〉에 따르면, 진열은 《맹자》에 나오는 '학문은 그 잃어버린 마음을 찾는 것이다(求其放心)'라는 말의 뜻에서 깨달아 책에 의존하기보다는 잃어버린 마음을 수습하며 공부했다고 한다.

觀書有感

消除利欲氣磨礱　窮處宜堅困處洪
志道有成方士子　居貧無樂豈英雄
閉門求放思陳烈　啖薺窮經說李通
直是此心時炯炯　不忘親切用眞功

노이극암을 추모하며

수옹[105]이 남긴 향기 서린 마을 사람이러니
옛사람 믿으며 연원 있는 가학의 후손일세.
은근할사, 도에 뜻을 두어 무엇을 이루었던가
반평생 맑은 이름일랑 다시 따질 것이 없어라.

挽盧而克巖

睡翁遺馥鄕之人　信古淵源家學孫
慇懃志道成何事　半世淸名且莫論

---

105) 수옹(睡翁) : 정여창(鄭汝昌, 1450~1504)의 호다. 자는 백욱(伯勖)이며, 조선 중기의 문신·학자로서 본관은 하동이다. 시호는 문헌(文獻)이고, 저서에 《일두집(一蠹集)》이 있다.

족숙 하징보를 추모하며

문 앞의 강물은 언제나 마르려나
강가의 길손들도 거의 탄식하누나.
지금까지 모든 일이 통곡하고도 남거늘
천년토록 정위106)는 슬픔이 다하지 못했다네.

挽族叔徵甫

門前江水何時已　江上行人幾歎咨
萬事至今餘慟哭　精衛千年不盡悲

---

106) 정위(精衛) : 실현이 불가능한 일에 대한 비유다. 신화 속 새 이름으로, 신화에 따르면 염제(炎帝)의 딸이 동해(東海)로 놀러 갔다가 바다에 파도가 일어 그만 빠져 죽고 말았는데 그 영혼이 정위로 변했다고 한다. 정위는 알록달록한 머리에 하얀 부리, 빨간색의 다리를 갖고 있었으며 북쪽 발구산(發鳩山)에 살았는데, 자신의 생명을 앗아 간 바다를 원망하며 서산의 작은 돌멩이와 나뭇가지들을 물어다가 동해에 던져 그 넓은 바다를 메우려고 했다고 한다.

가을날의 잡영 11수

제1수
앉아서 시든 이파리 보니 미련 미련 모두 지고
누워서 가을 산을 마주하니 쓸쓸한 석양빛이라.
시골 할미 때때로 찾아와 소갈병 안부 묻는데
들판 사람 날마다 얼굴 보며 흉년이라 말하네.

제2수
세상사에 마음 두지 않음은 병 때문에 버린 것이나
한가로이 거처하면서도 싫지 않음은 내 몸이 편안해서네
대나무, 소나무 뜨락으로 술병 허리에 차고 가고
벼, 기장 심은 논밭에서 지팡이 짚고 보기도 하네.

제3수
이른 아침 맑은 바람이 들판 수풀을 흔들고
저녁 되자 서늘한 비가 사립문에 드는구나.
빈 정자 좌우로 인적 없는 곳이러니
나는 새들 때때로 기장 쪼고 돌아가노라.

제4수

　섬돌 위쪽의 향긋한 난초는 이울어 꺾일 듯하고
　뜨락 안에서 국화가 피기를 기다리노라.
　국화가 피어난 뒤 술을 빚으면
　돌아오는 중양 가절을 준비할 수 있으리라.

제5수

　이따금 게으른 종놈 뒤딸려 남쪽 교외로 나갔다가
　다시 썰렁한 부엌에 들어가 저녁밥을 짓노라.
　손님이 와도 세상사는 묻지도 않나니
　나는 오히려 단사(簞食)의 주림도 달금하다오.

제6수

　어젯밤 수풀 사이로 매미 소리 끊기더니
　오늘 아침 주렴 너머로 제비가 떠나가네.
　사방 벽의 벌레 소리 등불 아래 시끄러운데
　남쪽 들판의 방초들 이슬 속에 시들었네.

제7수

　교외 지천으로 벼 이삭의 향기가 일어나고
　비 온 뒤 산빛은 짙어서 생동하는 듯하네.

화사한 가을 햇볕은 그래도 따스하거니와
한낮의 연기 피어오르는 곳, 닭 우는 마을이어라.

제8수

나무 저편 스산하게 한밤에 소리 들리고
숲을 감싸는 이슬 품은 바람에 걸핏하면 차가운 새벽이네.
일어나 석양 든 창 앞에 앉으니
뜨락의 오동잎이 반나마 사라졌도다.

제9수

이따금씩 빈 마을, 가을날 한낮이면
농사 이야기 수없이 동쪽 집에서 시작되네.
이웃 노인 나를 잡아 동쪽 집으로 가면서
오늘 아침 박주(薄酒)를 외상으로 사 왔다 하네.

제10수

향로 연기 끊기고 차를 달이니 산은 더욱 고요할사
비낀 석양빛이 모두 약초밭 서편에 있어라.
어이 문밖으로 수레 소리 끊김을 견디랴마는
그저 보일손, 수풀 사이로 자던 새 깃들였다네.

제11수

원근은 너른 교외, 교외 너머 나무가 있고
까마귀도 날기 끊기고 기러기 소리 많아라.
한참을 지나자 반쯤 계곡이 구름빛에 젖더니만
잎 진 나무로 쓸쓸하게 가을비가 지나가네.

秋日雜咏十一首
其一首

坐看黃葉依依盡　臥對秋山寂寂暉
村媼時來問病渴　野人日見說年饑

其二首

世事無心緣病棄　閒居不厭爲身安
竹松園裏腰尊去　稻黍田中倚杖看

其三首

早日淸飇動野樹　晚來凉雨入柴扉
虛亭左右無人處　禽鳥時時啄黍歸

其四首

上砌芳蘭委欲折　中園待見黃花開

黃花開後釀成酒　可備重陽佳節回

其五首

時隨倦僕南郊出　更入寒廚看晚炊
客來不問人間事　我則猶甘簞食飢

其六首

樹間前夜寒蟬絕　簾外今朝杜蕙辭
四壁蟲聲燈下苦　南原芳草露中衰

其七首

滿郊禾穗香氣起　雨後山光濃欲生
昱昱秋陽猶自暖　午煙生處村雞鳴

其八首

隔樹淒淒聲夜聽　繞林風露動晨凉
起來向晚窓前坐　庭上梧桐葉半亡

其九首

時復空村秋日午　農談無數起東家
隣翁挽我東家去　云有今朝杜酒賖

其十首

煙盡烹茶山更靜　斜陽都在藥欄西
那堪門外車聲絕　惟見林間宿鳥棲

其十一首

遠近平郊郊外樹　鸘鷞飛斷鴈聲多
移時半濕溪雲色　落木蕭蕭寒雨過

해설

　예암(豫菴) 하우현(河友賢, 1768~1799)은 진주 사곡 마을에서 태어났다. 본관은 진양(晉陽), 자는 강중(康仲), 호는 예암(豫菴)이다. 수곡면 사곡 마을에 진양 하씨 터전을 처음 잡았던 석계(石溪) 하세희(河世熙)의 현손이다.

　하우현의 학통은 남명학을 계승하며 가학으로 이어진다. 그 계보를 간략히 정리하면, 하항(河沆, 1538~1590), 하수일(河受一, 1553~1612), 하세희(河世熙, 1647~1686), 하세응(河世應, 1671~1727), 하필청(河必淸, 1701~1758) 등을 거쳐 하우현에 이르고, 이후 하봉운(河鳳運, 1790~1843) 하협운(河夾運, 1829~1906) 하재문(河載文, 1830~1894) 하겸진(河謙鎭, 1870~1946)까지 이른다.[107]

　《예암집(豫菴集)》은 하우현의 시와 산문을 엮어 1902년

---

107) 이상필, 《진양 하씨(晉陽河氏) 판윤공파(判尹公派)의 가계와 학문 전통》 참조.

에 현손 하영수가 편집 간행한 시문집이다. 문집의 내용은 5권 2책 목판본이며, 권1은 78제 129수, 권2는 소(疏) 1편, 서(書) 13편, 서(序) 2편, 기(記) 2편, 권3은 잡저(雜著) 11편, 권4는 잡저 1편, 제문(祭文) 2편, 애사 2편, 상량문 1편, 권5는 부록으로 행장, 묘표, 묘지 등으로 구성되어 있다.

《예암집》은 하우현이 주로 30세를 전후한 시기에 쓴 것을 수렴했으며, 당시 지역 고전 지식인이 갖고 있던 학업의 의미와 고뇌, 젊은 지식인의 삶의 방향을 반추할 수 있는 자료다. 하우현은 8세에 소학을 시작으로 10세 때 《논어》《맹자》의 대의에 통달했으며, 학교에 들어서면서부터 당시 동학들이 다들 그에게 상대가 되지 않는다고 자인했다. 하우현은 과거를 위해 공부하다가 문득 "천지 사이에 나서 성현의 공부를 하지 않는다면 곧 천지와 서로 나란하게 화육(化育)에 참여할 수는 없을 것이리라. 나는 이제 오늘 용력할 곳을 찾았다"라고 말한 뒤, 발분해 과거 공부는 그만두고 먹을 것도 잊은 채 염락수사(濂洛洙泗 : 성리학)의 책을 가져다가 읽었다고 한다. 그리하여 그는 정주학자들의 공부 방법을 따라 하면서, 치지(致知)를 학문의 요체로 삼고 이를 위해 항상 마음속에 경(敬)을 간직하고자 했다.

그는 성현이든 자신이든 인성은 다르지 않지만 기질의 차이로 우매함과 명철함이 나뉘게 된다고 이야기하면서, 지속적 성찰을 통해 성현의 경지를 확보해야 한다고 말했다. 그리하여 〈글을 보며 느낌이 있어서(觀書有感)〉108)에서는 이욕을 추구하지 않는 삶을 살지 않겠노라고 선언한다. 시에서 보이듯이, 이욕을 없애자 기가 다듬어져 평정을 찾았고, 궁벽한 곳에 거처하는 것을 견고하게 지킬 줄 알자 화려하고 번듯한 곳에 거처하는 것을 오히려 곤란스럽게 여기게 되었다고 했다. 가난에 거처하며 즐거워할 줄 아는 삶을 추구했던 하우현은 늘 이런 공부를 잊지 않고 절실하게 수행하기를 기원했던 것이다.

    그는 자신을 사(士)로 의식하면서 학문과 뜻을 곧추세우려고 노력했고, 특히 친구들과의 도학적 교유를 통해서 고적한 자존감을 다져 나갔다. 또한 이를 바탕으로 도학에 대한 지속적인 경서 학습을 수행했다. 그 결과《중용》의 경(敬)에 근원을 둔 것으로 보이는 지경(持敬)을 자신의 삶의 태도로 갖추었다.《예암집》에 따르면, 하우현은 경학을 통한 세속적 욕망을 추구하지 않았으며, 경학 자체를 위한 공부도 또한 추구하지 않았다. 그에게 경학은 자신의 삶을 벼리는 기준이었을 뿐이다.

---

108) 하우현(河友賢),《예암집(豫菴集)》권1,〈관서유감(觀書有感)〉.

하우현의 사(士)로서의 자의식은 한능일(韓能一)의 정자인 '세한정'에 써 준 기문에 잘 나타난다. 그는 '궁(窮)'이라는 막다른 상황에서 어떻게 처신할 것인지를 이야기하면서 다음과 같이 말했다.

"공자가 말하기를 '날이 추워진 뒤에야 소나무와 측백나무가 뒤늦게 시든다는 것을 안다'고 했다. 친구 한능일이 그 뜻을 취해 자기의 정자에 편액하기를 '세한(歲寒)'이라고 했다. 하루는 나를 찾아와 기문을 써 달라고 했다. 아, 공자의 가르침을 두고 선유였던 상채(上蔡) 사양좌(謝良佐)는 일찍이 그 뜻을 밝혀서 '사(士)는 궁(窮)하면 그 절의가 드러나고, 세상이 어지러우면 충신을 안다고 했다'라고 했다. 이제 한능일 군은 가히 '사궁'한 경우라고 할 수 있다. 종종 굶주림에 신음하며 문밖으로 나설 수 없었는데, 그가 고수하는 의리가 단단하지 않으면 혹여 외물에 의해 자신의 뜻을 빼앗길까 걱정했기 때문이었다. 그래서 정자의 이름을 이렇게 붙여서 자신을 독려하려고 했던 것일까? 만일 그렇지 않다면, 세상의 사들을 보니 대부분 경박하기가 습성이 되었고 화려함을 일삼아서, 끝내 바람서리가 부는 땅에서는 조금도 견뎌 낼 수 없다고 비판하며, 나 자신은 뜻을 간직하고 있음을 스스로 드러내려 한 것인가?"109)

하우현이 말한 궁(窮)은 오도 가도 못하는, 가난의 막다른 상황에 몰린 최악의 처지다. 이 순간 그는 어떤 선택을 했을까? 사실 우리의 관심사는 바로 이 점에 있는데, 하우현은 도학에 대한 지속적인 용력과 지경의 태도로 궁한 처지에서 어떻게 살아야 할 것인지를 드러내고 있다고 하겠다. 그래서 하우현에게 경학은 경에 대한 학문적 태도이자 자신의 삶의 입장을 보여 주는 것이었다고 할 수 있다. 《예암집》에 따르면, 그는 《대학》과 《중용》, 《역》에 대해 학습했다. 《대학》이든, 《중용》이든, 《역》이든, 대체로 그는 주자학의 범주 안에서 기존 주석자의 논의를 성실하게 학습했고, 그에 대한 자신의 생각을 비교적 또렷하게 갖고 있었다. 흥미롭게도 그는 '경(經)'조차 완물상지(玩物喪志)의 대상의 될 수 있

---

109) 하우현, 《예암집》 권1, 〈세한정기(歲寒亭記)〉, "夫子曰歲寒然後 知松柏之後凋友人韓能一 取其義扁其亭曰歲寒一日過余屬之以記嗚呼夫子之訓先儒上蔡謝公嘗推明其旨以爲 士窮見節義世亂識忠臣今韓君可謂士窮者也往往飢餓呻吟不能出門戶是以恐其所守 之不固或逐物而撓奪也爲之寓號而自厲者 如此耶不然其視世之爲士者擧皆浮靡以爲 習華藻以爲業卒不足以小當於風霜之地而 顧吾志之所存者有異於是是以爲之寓號而 自表之者又如此耶".

음을 밝히고 있다. 즉, 그는 경 너머의 지점까지 마음에 두고 학습했던 지식인임을 짐작할 수 있다.

끝으로 해설의 말미에 췌언을 덧붙인다. 위의 논의는 《예암집》에 대한 스케치에 불과하다. 이 시선은 〈정취사몰강자운(淨趣寺沒江字韻)〉을 제외한 77제 128수를 수렴했다. 하우현의 시를 거의 망라한 셈인데, 이를 계기로 하우현의 서정 세계가 밝혀지고 이후 그를 비롯해 그의 가학 세계에 대해 본격적인 논의가 있기를 기대해 본다. 특히 언급할 것이 하나 있다. 이 책의 공동 역자들인 김남희와 이단은 이제 석사 과정을 지나는 초보 학인들이다. 이들은 같이 공부하는 동안 하우현이 놓은 글자 하나하나에 동감하고 아파했다. 나는 그런 과정을 거쳐 이들이 성장하기를 기대하며, 아울러 이들이 느낀 감정이 세상에 알려져 하우현의 형상이 더욱 생생해지기를 원한다. 차츰 학문의 길을 찾아가는 초보 학인들이 지역의 고전 지식인의 삶에 차츰 가까워지고 있음도 기뻐한다. 이들의 학운을 기원한다. 아울러 이런 학문 여정을 같이 걸어 주는 지만지한국문학의 너그러운 마음에 진심으로 고맙다는 인사를 드린다.

역자를 대표해 김승룡 적다.

옮긴이에 대해

　　김승룡은 1967년 서울에서 태어나 고려대학교 국어국문학과 및 동 대학원을 졸업했다. 현재 부산대학교 한문학과 교수로 있다. 최근 지역 고전의 학문적 모색과 한문 고전의 치유학적 접근을 도모하고 있다. 저서로《한국한문학의 새 지평》(공저, 2005),《새 민족문학사 강좌 1》(공저, 2009),《한국학의 학술사적 전망》(공저, 2014),《옛글에서 다시 찾은 사람의 향기》(2012),《고려 후기 한문학과 지식인》(2013),《동아시아 지식인문학을 묻다》(공저, 2019),《이재 황윤석 연구의 새로운 모색》(공저, 2020),《근현대 중국의 지식인들_인간을 묻다》(공저, 2022) 등이 있고, 역서로《18세기 조선인물지》(공역, 1997),《송도인물지》(2000),《악기집석》(2003),《우봉잡억》(공역, 2004),《매천야록》(공역, 2005),《고전번역담론의 체계》(공역, 2013),《잃어버린 낙원 원명원》(공역, 2015),《능운집》(공역, 2016),《문화수려집》(공역, 2017),《새로 풀어쓴 동의수세보원》(공역, 2022),《가암 시집》(공역, 2022) 등이 있다.《악기집석》으로 제5회 가담학술상(번역 부문)을 수상했고, 베이징대학교 초빙교수를 두 차례(1997, 2008) 지냈다.

김남희는 현재 부산대학교 한문학과 석사 과정으로서 근대기 지역 고전과 지식인에 대해 관심을 갖고 공부해 오고 있다. 특히 이번 번역 과정에서 하우현과 같은 지역 고전 지식인의 삶과 아픔을 절절하게 이해했다. 지금 하우현의 한시로 석사 학위 논문을 준비하고 있다.

이단은 현재 부산대학교 한문학과 석사 과정으로서 동아시아 한시의 전통에 대해 관심을 갖고 있다. 특히 평측과 같은 시작법을 비롯해 시화 속의 동아시아 시학에 대해 공부하고 있다. 지금 이제현의 한시로 석사 학위 논문을 준비하고 있다.

지역 고전학 총서

예암 시선

지은이 하우현
옮긴이 김승룡 · 김남희 · 이단
펴낸이 박영률

초판 1쇄 펴낸날 2024년 2월 20일

지만지한국문학
출판등록 제313-2007-000166호(2007년 8월 17일)
02880 서울시 성북구 성북로 5-11
전화 (02) 7474 001, 팩스 (02) 736 5047
commbooks@commbooks.com
www.commbooks.com

ⓒ 김승룡 · 김남희 · 이단, 2024

지만지한국문학은
커뮤니케이션북스(주)의 한국 문학 출판 브랜드입니다.
이 책은 저작권자와 계약하여 발행했으므로, 본사의 서면 허락 없이는
어떠한 형태나 수단으로도 이 책의 내용을 이용할 수 없습니다.

ISBN 979-11-288-9290-5 94810
979-11-288-6597-8 94810(세트)

책값은 뒤표지에 있습니다.